AF453124

COURS D'HISTOIRE

A L'USAGE

DE LA JEUNESSE.

TOME SECOND.

HISTOIRE SAINTE,

PAR

DEMANDES ET PAR RÉPONSES,

SUIVIE

D'UN ABRÉGÉ DE LA VIE DE J. C.

Avec Cartes.

SECONDE ÉDITION,

Par A. M. D. G. ***

A LYON,

Chez RUSAND, Imprimeur – Libraire ;
rue Mercière, N.º 26.

1816.

PRÉFACE.

Le règne de la philosophie moderne est passé : la France a ouvert les yeux ; et vingt-cinq ans de crimes et de malheurs lui ont assez appris ce que peut une génération élevée d'après ces désolantes doctrines, qui ôtent à l'homme le seul frein qui puisse maîtriser ses passions, la foi d'un souverain Juge, la foi des peines et des récompenses de la vie future. La France a ouvert les yeux ; et l'on y compte aujourd'hui un grand nombre de parens et de maîtres, qui, pénétrés de l'importance d'une éducation chrétienne, regardent l'étude de la Religion comme la première de toutes les études. C'est pour eux que nous nous sommes proposé d'écrire ; heureux de pouvoir seconder leurs vues, et offrir à leur zèle un moyen de plus pour graver de bonne heure, dans l'esprit de la jeunesse, les principes qui doivent désormais la défendre du poison de l'incrédulité, la prémunir contre l'attrait du vice, la fixer dans l'amour de la vertu, et assurer ainsi son bonheur.

Mais où les trouverons-nous, ces principes, établis avec autant de solidité, et soutenus par des exemples aussi puissans, que dans cette Histoire, Sainte par excellence, qui nous présente le magnifique spectacle de l'univers sortant du néant à la voix d'un Dieu créateur ; qui nous retrace l'origine de l'homme, la sainteté de ses devoirs et la sublimité de ses destinées ; qui nous rappelle sans cesse l'action d'une Providence paternelle, toujours attentive aux besoins de ses créatures ; qui nous dévoile mille traits sensibles de sa justice ou de sa miséricorde, et sur son peuple choisi, et sur tous les autres peuples de l'univers ; qui nous peint sous des couleurs si vives, et la foi d'Abraham, et l'obéissance d'Isaac, et la chasteté de Joseph, et la patience de Job, et la charité de Tobie, et le courage des Machabées ; enfin, qui nous met en possession de ce précieux héritage de toutes les vertus, transmis des Patriàrches de l'ancienne Loi à ceux de la nouvelle, et devenu l'apanage exclusif et le domaine particulier de l'Eglise de Jésus-Christ ?

Depuis long-temps, il existoit un *Abrégé de l'Histoire sainte, par demandes et par réponses.* L'auteur de cet ouvrage a eu les intentions les plus louables ; mais il nous a paru n'avoir pas tiré d'un sujet aussi riche tout le parti qu'on avoit droit d'en attendre. 1.º Il lui est échappé plusieurs traits, qui assurément peuvent et doivent être ignorés des enfans. 2.º On ne trouve point dans sa narration, cet ordre, cette suite qui lient entr'eux les évène-mens divers, et contribuent singulière-ment à les graver dans la mémoire : ils paroissent quelquefois comme jetés au hasard. 3.º Le choix des faits en eux-mêmes n'est pas toujours heureux; la rédaction en est souvent vicieuse ; le style manque de correction, de jus-tesse, et sur-tout de ce genre de no-blesse qui distingue la simplicité de la bassesse et de la trivialité. Nous avons essayé de faire disparoître tous ces défauts; et notre travail s'est tellement étendu, que l'ancien Abrégé a disparu

A 4

en grande partie, pour faire place à celui que nous offrons au public.

Il est, pour l'ordre des temps, assujetti à un même système chronologique, avec l'histoire de l'Eglise chrétienne, qui sert naturellement de suite à celle du Peuple de Dieu. Nous avons laissé, à la fin de celle-ci, la *Vie de J. C.*, à peu près telle qu'elle étoit dans l'ancien Abrégé; mais nous avons cru devoir renvoyer à la fin de l'Histoire de l'Eglise le petit Traité, intitulé *Preuves de la Religion;* c'est la place qui lui convient le mieux sous tous les rapports.

Ces Ouvrages appartiennent à un Cours d'Histoire, dont les trois dernières parties ont été rédigées d'après la méthode indiquée dans la Préface du Tableau chronologique.

OUVRAGES qui composent le Cours d'Histoire.

I. Tableau chronologique de l'Histoire ancienne et moderne, tant sacrée que profane, 1 vol.
II. Histoire sainte, par demandes et par réponses, 1 v.
III. Histoire ecclésiastique, par demandes et par réponses, 1 vol.
IV. Histoire ancienne, 1 vol.
V. Histoire Romaine, 1 vol.
VI. Histoire de France, 2 vol.

Chez RUSAND, rue Mercière, à Lyon.

HISTOIRE SAINTE.

DEM. QU'EST-CE que l'Histoire sainte?

RÉPONSE. L'Histoire sainte est l'Histoire de notre Religion. Elle nous apprend les grandeurs de Dieu, et les merveilles qu'il a opérées pour nous. Le Livre qui renferme toutes ces merveilles, est la Bible, le plus ancien Livre du monde. Dieu nous y fait connoître, d'une manière également claire et certaine, ce qu'il est, ce que nous sommes, et ce à quoi il nous a destinés.

D. Quels avantages l'Histoire sainte a-t-elle sur l'Histoire profane?

R. L'Histoire sainte a deux grands avantages sur l'Histoire profane : la *certitude* et l'*ancienneté* : la certitude, en ce qu'elle a été écrite par des Prophètes inspirés de Dieu ; l'ancienneté, en ce que Moïse, qui est l'auteur des premiers livres de l'Histoire sainte, vivoit plus de mille ans avant Hérodote, le père de l'Histoire profane. D'ailleurs, l'Histoire profane peut bien faire des politiques et des savans ; mais elle ne sauroit faire des Saints.

D. Qu'entendez-vous par ces mots, *ancien* et *nouveau Testament?*

R. L'ancien Testament est l'alliance que

Dieu fit autrefois avec les Israélites, en leur donnant la Loi de Moïse ; le nouveau Testament est l'alliance que J. C. a faite, non plus avec un seul peuple, mais avec tous les hommes, en leur donnant la Loi évangélique. Les Livres qui contiennent l'Histoire et les conditions de ces deux alliances, forment les deux parties de la Bible.

ANCIEN TESTAMENT.

Première Époque, depuis la Création du monde, l'an 4004 avant Jésus-Christ, jusqu'au Déluge, l'an 2348 avant Jésus-Christ. Elle renferme 1656 ans.

D. COMMENT Dieu a-t-il créé le monde ?

R. Dieu a créé le monde en six jours. D'abord il fit de rien la matière ; puis il en forma les différentes parties qui composent l'univers.

Le premier jour, il dit : *Que la lumière soit faite ;* et aussitôt la lumière fut faite.

Le 2.ᵉ jour, il fit le firmament, auquel il donna le nom de Ciel.

Le 3.ᵉ jour, il rassembla en un même lieu les eaux qui couvroient la terre, et il donna à ce grand amas d'eaux le nom de Mer : ensuite, il commanda que la terre produisît des plantes et des arbres de toute espèce.

Le 4.ᵉ jour, il fit le Soleil et la Lune, et tous les astres du firmament.

Le 5.ᵉ jour, il créa les oiseaux qui volent dans l'air, et les poissons qui nagent dans les eaux.

Le 6.ᵉ jour, après avoir produit les animaux terrestres, il fit Adam, le premier homme, à son image et à sa ressemblance. Il forma son corps de terre; et lui créa une ame spirituelle et raisonnable, afin qu'il fût capable de connoître et d'aimer son Créateur.

Dieu voulant donner à Adam une compagne semblable à lui, forma Eve, la première femme et la mère de tous les hommes.

D. Dans quel état furent créés Adam et Eve ?

R. Ils furent créés dans l'état d'innocence, et placés dans un jardin délicieux, nommé *Paradis terrestre.* Dieu leur permit de manger de tous les fruits qui s'y trouvoient, excepté de ceux d'un seul arbre auquel il leur défendit de toucher, sous peine de mort.

D. Adam et Eve jouirent-ils long-temps du bonheur pour lequel ils avoient été créés ?

R. Non : le démon qui déjà avoit été précipité du ciel en punition de son orgueil, jaloux du bonheur de nos premiers parens, résolut de les perdre avec toute leur postérité. Caché sous la figure du serpent, il s'adressa à Eve, comme la plus foible, et lui persuada que s'ils mangeoient du fruit défendu, leurs yeux seroient ouverts, et qu'ils auroient, aussi bien que Dieu, la science du bien et du mal. Eve séduite par les promesses du tentateur, mangea du fruit fatal, et en offrit à Adam qui, par une lâche complaisance pour sa femme, partagea sa désobéissance. Aussitôt leurs yeux furent ouverts, mais d'une manière bien différente de ce qu'ils attendoient : ils virent le bien qu'ils avoient perdu et le malheur où leur crime les avoit précipités.

D. Comment Dieu punit-il la désobéissance d'Adam et d'Eve ?

R. Le Seigneur fit paroître les coupables devant lui ; il maudit le serpent, il condamna la femme à enfanter dans la douleur, et à être assujettie à l'homme ; il condamna l'homme lui-même à manger son pain à la sueur de son front, jusqu'à ce qu'il retombât dans la poussière d'où il avoit été tiré. Dieu les chassa ensuite du Paradis terrestre, et y plaça un Ange armé d'un glaive étincellant, pour leur en interdire l'entrée. C'est ainsi qu'Adam et Eve se virent en un moment, avec toute leur postérité, déchus de l'état d'innocence, condamnés au travail, aux misères, aux maladies et à la mort.

Dieu cependant ne laissa pas nos premiers parens sans espérance : il leur promit que de la femme naîtroit un Sauveur qui écraseroit la tête du serpent ; c'est-à-dire, qui détruiroit l'empire du démon et délivreroit le genre humain de la servitude du péché. (L'an 4004 avant J. C.)

D. Faites-nous connoître les enfans d'Adam ?

R. Adam eut plusieurs enfans ; mais l'Ecriture sainte n'en nomme que trois ; Caïn, Abel et Seth. Caïn, jaloux de ce que les sacrifices de son frère Abel étoient plus agréables à Dieu que les siens, le tua (3876). En punition de ce crime, il fut errant et vagabond sur la terre, et devint père d'une race méchante comme lui. Il bâtit la première ville du monde, qu'il appela Hénochia, du nom d'Hénoc, un de ses fils. Désespérant de pouvoir jamais obtenir le pardon de son crime, il refusa de recourir à la divine miséricorde, et mourut dans l'impénitence.

D. Comment se conduisirent les enfans d'Adam, après sa mort ?

R. Adam étant mort après une pénitence de 930 ans, Seth, son troisième fils, lui succéda en qualité de Patriarche, et il imita la piété de son frère Abel. Enos, fils de Seth, commença à invoquer le Seigneur par un culte public ; et Hénoc, un de ses descendans, mérita, par ses éminentes vertus, d'être enlevé de la terre, et réservé pour venir à la fin des siècles disposer les hommes au dernier avènement de Jésus-Christ (3017). Les descendans de Seth demeurèrent long-temps fidèles au Seigneur, ce qui leur mérita le nom d'enfans de Dieu ; au lieu que les descendans de Caïn, qui suivirent les traces de leur père, furent nommés les enfans des hommes. Mais à la fin, les premiers ayant contracté des alliances avec les seconds, ils se pervertirent peu à peu, et oublièrent la fidélité qu'ils devoient à Dieu.

D. Quels hommes naquirent des alliances contractées entre les descendans de Seth et ceux de Caïn ?

R. Ce furent les Géans, moins fameux par leur énorme grandeur que par le débordement de leur vie. Leurs crimes furent si affreux, et la corruption devint si générale, que Dieu ne trouva que Noé de juste sur la terre. Il se repentit alors d'avoir fait l'homme, et résolut de l'exterminer avec les animaux, par un déluge universel, et de ne sauver que Noé, qui avoit trouvé grâce devant lui.

D. Comment Dieu sauva-t-il Noé du déluge?

R. Il lui ordonna de bâtir une Arche ou vaisseau, dont il détermina lui-même les mesures et les proportions. Noé fut cent ans à la construire. Cependant il ne cessoit d'exhorter les hommes à la pénitence; mais ils demeurèrent incrédules. Au bout des cent ans, Noé fit entrer dans l'arche sa famille, qui n'étoit que de huit personnes, avec des animaux de chaque espèce. Alors Dieu fit tomber sur la terre une pluie effroyable, qui dura quarante jours et quarante nuits : et la mer se déborda de toutes parts. L'inondation fut si grande, que les eaux s'élevèrent de quinze coudées au-dessus des plus hautes montagnes. Enfin, l'Arche s'arrêta sur le mont Ararath en Arménie, et Noé en sortit, après y avoir été enfermé une année entière.

L'Arche étoit la figure de l'Eglise de Jésus-Christ, hors de laquelle il n'y a point de salut.

*Seconde Epoque, depuis le Déluge, l'an
2348 avant Jésus - Christ, jusqu'à la
vocation d'Abraham, l'an 1921 avant
Jésus-Christ. Elle renferme 427 ans.*

D. Que fit Noé après le déluge ?

R. Il offrit un sacrifice à Dieu, en reconnoissance de ce qu'il l'avoit préservé de
la destruction générale du genre humain.
Dieu agréa ce sacrifice ; il bénit Noé et ses
enfans, lui promit que la terre ne seroit
plus inondée par le déluge, et lui donna
l'arc-en-ciel pour gage et pour signe de sa
promesse.

D. Quelle fut la conduite des enfans de
Noé envers leur père ?

R. Des trois enfans de Noé, Sem, Cham
et Japhet, il s'en trouva un qui, ayant
mérité la malédiction de son père, s'attira
aussi celle de Dieu. Noé qui avoit planté
la vigne, ayant bu du vin dont il ne connoissoit pas la force, tomba dans une
ivresse involontaire, et s'endormit dans
une posture indécente. Cham qui l'aperçut,
se permit de faire des railleries sur l'état où
il le voyoit. Mais Sem et Japhet furent plus
respectueux, ils le couvrirent d'un manteau. A son réveil, Noé apprenant ce qui
s'étoit passé, maudit Cham, non pas dans
sa personne, sans doute par respect pour

la bénédiction que Dieu lui avoit donnée, mais dans la personne de Chanaan son fils, soit que Chanaan fût le plus méchant des enfans de Cham, soit qu'il eût participé au crime que son père venoit de commettre. Quoi qu'il en soit, les effets de la malédiction paternelle s'étendirent sur la postérité de Chanaan, qui fut dans la suite, ou exterminée, ou réduite à l'esclavage par les descendans de Sem et de Japhet.

D. Quelle entreprise formèrent les descendans de Noé, avant de se disperser dans les différentes parties de la terre?

R. Ils s'étoient d'abord fixés dans les plaines de la Mésopotamie. Mais s'étant multipliés au point de ne pouvoir plus demeurer ensemble, ils résolurent, avant de se séparer, de bâtir une ville et une tour qui s'élevât jusqu'au ciel. Leur dessein étoit de rendre leur nom célèbre, et peut-être même de se préparer une retraite sur cette tour, s'il arrivoit un second déluge. Mais Dieu qui se rit des desseins des hommes, quand ils ne sont pas fondés sur la justice et sur la raison, confondit leur langage, en sorte qu'ils ne s'entendoient plus les uns les autres (2247). Ainsi leur ouvrage demeura imparfait, et fut appelé la Tour-de-Babel, c'est-à-dire, de confusion. La famille de Cham alla occuper l'Egypte, l'Arabie, la Palestine qui prit le nom de Terre de Chanaan ; la famille de Japhet s'établit dans l'Asie-Mineure et dans plusieurs contrées de l'Europe : enfin la famille de Sem habita la Mésopotamie et l'Assyrie ; c'est de ce patriarche que descendent les Hébreux ou Israélites.

D. Quels changemens notables peut-on remarquer dans la seconde époque ?

R. On peut remarquer, en premier lieu, le décroissement de la vie humaine. Avant le déluge, les hommes vivoient jusqu'à 900 ans ; Adam vécut même 930 ans, et Mathusalem 969. Après le déluge, leur vie fut diminuée de plus des deux tiers.

On peut remarquer, en second lieu, le changement de nourriture : Dieu permit aux hommes d'ajouter la chair des animaux aux fruits de la terre, qui jusqu'alors avoient été leurs seuls alimens.

D. Comment se comportèrent les hommes après leur dispersion ?

R. Ils oublièrent bientôt la loi naturelle, pour ne suivre que leurs passions. L'ambition et tous les vices qui l'accompagnent, commencèrent alors à régner. Nemrod fut le premier conquérant, et il établit le siége de son empire à Babylone (2245). L'aveuglement des hommes fut si grand, qu'ils abandonnèrent le Dieu même qui les avoit créés. Non contens d'adorer le soleil, la lune et les astres, ils allèrent jusqu'à rendre les honneurs divins à des animaux, à des plantes, à des statues inanimées. Dieu résolut alors de se former un peuple qui devoit perpétuer son culte et donner naissance au Sauveur promis ; et il choisit Abraham pour être le chef et la tige de ce peuple.

Troisième Epoque, depuis la vocation d'Abraham, l'an 1921 avant Jésus-Christ, jusqu'à la Loi de Moïse, l'an 1491 avant Jésus-Christ. Elle renferme 430 ans.

D. Qu'est-ce que l'Ecriture nous apprend de la vocation d'Abraham ?

R. Abraham descendoit de Sem, et demeuroit à Ur, en Mésopotamie : mais il ne partagea point l'idolâtrie de ses concitoyens qui avoient pris le Feu pour leur divinité. Dieu résolut de récompenser sa fidélité ; il lui ordonna de quitter son pays pour aller dans la Terre de Chanaan ; et lui promit de donner cette Terre à sa postérité, et de faire naître de sa race celui en qui toutes les nations devoient être bénies. Abraham crut aux promesses de Dieu, et vint dans la Terre qui lui étoit promise, avec Sara sa femme et Loth son neveu. Ce saint Patriarche, qui se reg..rdoit comme étranger dans le monde, continua d'habiter sous des tentes : mais Loth, par une imprudence qui faillit lui devenir funeste, alla s'établir à Sodome, la ville la plus corrompue de l'univers.

D. Quel service Abraham rendit-il à Loth ?

R. Il le délivra des mains de Codorlahomor, roi des Elamites, qui, assisté de trois autres rois, étoit venu piller Sodome. Après qu'Abraham eut vaincu les quatre rois, avec ses seuls domestiques, il fut béni par Melchisedech, prêtre du Très-Haut, à qui il donna la dîme de tout le butin qu'il avoit fait (1912).

D. Quelle fut la cause de la ruine de Sodome ?

R. Ce furent les crimes de ses habitans qui attirèrent sur eux la vengeance du Ciel. Avant de la laisser éclater, le Seigneur fit part à Abraham de la destruction prochaine de cette ville coupable. Le saint Patriarche qui savoit jusqu'où s'étend la miséricorde du Seigneur, lui demanda grâce pour Sodome, en cas qu'il s'y trouvât cinquante justes. Le Seigneur y ayant consenti, Abraham lui demanda si quarante justes n'arrêteroient pas sa vengeance. Le Seigneur y consentit encore, et vint jusqu'à lui promettre que s'il y avoit seulement dix justes dans Sodome, il épargneroit cette ville infame. Mais ils ne s'y trouvèrent pas.

D. Comment Loth échappa-t-il à la ruine de Sodome ?

R. Deux Anges, sous une forme humaine, arrivèrent à Sodome vers le soir. Loth, qui les aperçut, alla au-devant d'eux; il les pria d'entrer dans son logis pour y passer la nuit : et ce fut cette action de charité qui le sauva lui et sa famille. Les habitans de Sodome vinrent à la maison de Loth, dans le dessein d'insulter les deux étrangers. Loth étant sorti pour les apaiser, ils le chargèrent d'injures, et alloient le maltraiter lui-même, lorsque les Anges le prenant par la main le firent rentrer. En même temps ils frappèrent d'aveuglement tous ceux qui étoient dehors, de sorte qu'ils ne purent trouver la porte. Alors les deux Anges déclarèrent à Loth, que Dieu les avoit envoyés pour perdre cette ville ; et que s'il y avoit quelqu'un de ses proches, il se hâtât de les faire sortir avec lui. Loth alla en donner avis à ceux qu'il avoit destinés pour être ses gendres ; mais ils se moquèrent de lui et de ses avis. Le matin étant venu, les Anges pressèrent Loth de sortir avec sa femme et ses filles. Quand il fut hors de la ville,

Dieu fit tomber une pluie de soufre et de feu qui consuma Sodome, et trois autres villes voisines également coupables, avec tous leurs habitans (1897).

D. Quelle est la marque de l'alliance que Dieu fit avec Abraham, et pourquoi est-il appelé le Père des Croyans ?

R. La marque de l'alliance que Dieu fit avec Abraham, est la circoncision, et Abraham est appelé le *Père des Croyans*, à cause de la grande foi, qui lui fit croire, contre toute apparence, ce que Dieu lui avoit dit, qu'il seroit père d'une grande postérité, de laquelle sortiroit le MESSIE.

D. Dieu ne mit-il point à l'épreuve la fidélité d'Abraham ?

R. Dieu lui ordonna d'aller sacrifier son fils unique Isaac sur la montagne de Moria, où depuis fut bâti le temple de *Jérusalem.* Abraham, dans une occasion si délicate, se garda bien d'écouter la voix de la nature; il ne douta nullement de la réalité des promesses que Dieu lui avoit faites, de lui donner une postérité plus nombreuse que les étoiles du ciel, et se hâta d'exécuter ses ordres, en immolant celui qui devoit être le père de cette nombreuse postérité. Isaac apprit avec soumission la nouvelle de sa mort; et il alloit recevoir le coup fatal, lorsqu'un Ange arrêta le bras d'Abraham. Un bélier qui se trouva embarrassé dans des ronces, fut immolé à la place d'Isaac.

Abraham et Isaac sont deux modèles d'une obéissance parfaite. La manière dont Dieu les récompensa, fait voir combien cette vertu lui est agréable. Il renouvela avec serment la promesse de faire un jour naître de leur race le Sauveur du monde (1871).

D. Quelles étoient les occupations d'Abraham et des autres Patriarches?

R. Ils étoient tous bergers ou laboureurs. Ils vivoient dans une grande abondance, et en même temps dans une grande frugalité. Leurs richesses consistoient principalement en bestiaux. Indépendans de toute autre puissance que de celle de Dieu, ils étoient parfaitement libres ; et leur famille formoit un petit état dont le père étoit comme le roi. Il ne manquoit que ce titre à Abraham, puisque les rois faisoient alliance avec lui ; et il valoit bien sans doute un de ces quatre princes qu'il vainquit pour délivrer Loth son neveu, de leurs mains.

D. Quels furent la femme et les enfans d'Isaac ?

R. Abraham ne voulut point allier son fils avec les peuples du pays de Chanaan ; il envoya jusqu'en Mésopotamie Eliézer son intendant, pour y chercher une femme de sa famille. Celle qu'Isaac épousa , fut Rébecca , petite fille de Nachor, frère d'Abraham (1856). Dieu bénit ce mariage par la naissance d'Esaü et de Jacob (1836).

D. Quelle fut l'origine de la haine d'Esaü contre Jacob ?

R. La Voici : Un jour que Jacob avoit préparé des lentilles, Esaü les vit à son retour de la chasse, qui faisoit son occupation ordinaire, et témoigna un grand désir de les manger. Mais Jacob ne voulut les lui donner, qu'à condition qu'il lui céderoit son droit d'aînesse. Esaü, peu maître de sa gourmandise, le lui céda sur-le-champ. Rébecca, pour assurer cet avantage à Jacob qu'elle aimoit tendrement, usa de stratagème, et trompa Isaac, qui prenant Jacob pour Esaü, lui donna, avant de mourir, la bénédiction attachée au droit d'aînesse. Esaü en fut irrité, il voulut tuer Jacob ; et celui-ci ne trouva d'autre moyen d'échapper à sa fureur, que de s'enfuir en Mésopotamie, chez son oncle Laban, frère de Rébecca (1759).

D. Que fit Jacob en Mésopotamie ?

R. Il s'occupa à garder les troupeaux de Laban , qui lui fit épouser ses deux filles Lia et Rachel. Jacob en eut douze enfans, qui furent les chefs des douze tribus d'Israël. Voici leurs noms : Ruben, Siméon, Levi, Dan, Juda, Nephtali, Gad, Azer,

Issachar,

Issachar, Zabulon, Joseph, Benjamin. Après vingt ans de séjour en Mésopotamie, Jacob revint avec toute sa famille dans la Terre de Chanaan.

D. Comment Jacob rentra-t-il en grâce avec son frère Esaü?

R. Esaü apprenant l'arrivée de Jacob, alla à sa rencontre avec 400 hommes armés. Jacob en fut effrayé. Mais, la nuit suivante, un Ange lui apparut et lutta contre lui de manière que l'avantage demeura à Jacob. C'est pourquoi l'Ange lui donna le nom d'*Israël*, qui signifie *fort contre Dieu*; et il ajouta qu'il ne devoit pas craindre les hommes, lui qui avoit été fort contre Dieu même. En effet, Esaü, à l'aspect de Jacob, sentit expirer sa haine, et ne vit plus en lui qu'un ami et un frère (1739).

D. Comment Joseph fut-il traité par ses frères?

R. Joseph étoit haï de ses frères à cause de l'amitié particulière que Jacob avoit pour lui, et de la liberté qu'il prit de les accuser d'un crime que l'Ecriture sainte ne nomme point. Le récit qu'il leur fit des songes mystérieux qu'il avoit eus, et qui marquoient sa future grandeur, mit le comble à leur haine et à leur jalousie; en sorte qu'ils résolurent de s'en défaire. Un jour qu'ils le virent venir à eux dans la campagne, ils se dirent les uns aux autres:

Voici notre songeur, tuons-le, et jetons-le dans une vieille citerne ; et après cela on verra à quoi lui auront servi ses songes. Ruben les empêcha de le tuer, et ils se contentèrent de le jeter dans la citerne. Ils l'en retirèrent quelque temps après, pour le vendre à des marchands Ismaélites, qui allèrent le revendre à Putiphar, capitaine des gardes de Pharaon roi d'Égypte (1729).

D. Que firent les frères de Joseph pour cacher leur crime ?

R. Après avoir teint la robe de Joseph dans le sang d'un chevreau, ils l'envoyèrent à leur père. Jacob, en la voyant, s'écria : *Ah ! une bête cruelle a dévoré mon fils ; Joseph est mort !* Il déchira ses vêtemens ; et s'étant couvert d'un cilice, il pleura son fils fort long-temps, sans vouloir écouter aucune parole de consolation.

D. Qu'arriva-t-il à Joseph dans la maison de Putiphar ?

R. Putiphar ayant reconnu la sagesse de Joseph, conçut de l'affection pour lui, et le fit intendant de sa maison. Joseph ne resta pas long-temps en faveur ; Dieu avoit résolu de mettre sa vertu à l'épreuve. La femme de Putiphar tendit des piéges à son innocence ; mais la crainte du Seigneur rendit Joseph inaccessible aux attraits du vice : il prit la fuite, laissant son manteau entre les mains de cette femme impudique, qui s'en servit pour l'accuser devant son mari. Putiphar la crut; et Joseph fut mis en prison sans avoir prononcé un seul mot pour se justifier.

D. Que doit-on penser de la conduite de Dieu sur Joseph, à qui sa vertu n'attire que de mauvais traitemens ?

R. Dieu a voulu détromper les hommes de la fausse idée qu'ils ont de sa providence. La plupart se persuadent que la vertu doit toujours les rendre heureux en cette vie ; et lorsqu'ils la voient opprimée, ils sont tentés de croire que Dieu néglige ses plus fidèles serviteurs. S'il a fait passer Joseph par les humiliations et par les souffrances, c'étoit pour le préserver de la contagion des grandeurs qu'il lui préparoit, et pour lui apprendre, par ses propres malheurs, à être toujours compatissant à ceux des autres.

D. Quelle fut la conduite de Joseph dans la prison ?

R. Joseph fit paroître tant de vertu dans sa prison, que le gouverneur lui donna l'inspection sur tous les autres prisonniers. Un an après, Joseph eut occasion de montrer sa sagesse, en expliquant les songes de l'Echanson et du Panetier de Pharaon, qui étoient dans la même prison. Il prédit au premier, que dans trois jours il seroit rétabli dans ses fonctions, et dit avec regret au Panetier, qu'au bout du même terme Pharaon le feroit attacher en croix. La prédiction s'accomplit ; mais l'Echanson oublia la parole qu'il avoit donnée à Joseph de lui procurer sa liberté ; et il ne se souvint de lui, que lorsque, deux ans après, il le proposa à Pharaon pour expliquer des songes que ce prince avoit eus.

D. Comment Joseph expliqua-t-il les songes de Pharaon ?

R. Ce prince avoit cru voir pendant son sommeil sept vaches grasses qui sortoient du Nil, et qui furent aussitôt dévorées par sept autres vaches extraordinairement maigres : s'étant rendormi, il vit dans un autre songe sept épis de blé parfaitement beaux, qui furent dévorés par sept autres qui étoient fort maigres.

Joseph ayant entendu les deux songes de Pharaon, lui dit qu'ils signifioient une même chose ; que les sept vaches grasses et les sept épis si beaux présageoient sept années d'une abondance extraordinaire ; mais que les sept épis et les sept vaches maigres marquoient sept autres années d'une grande stérilité qui désoleroit l'Egypte et le reste de la terre, si l'on ne prenoit de sages précautions pour la prévenir. Pharaon fut si satisfait de cette explication, qu'il fit Joseph son premier ministre, et lui donna un pouvoir absolu dans toute l'Egypte.

D. Quelles mesures prit Joseph pendant les sept années d'abondance?

R. Il amassa de grandes provisions de blé, et mit dans les greniers du roi la cinquième partie des grains que la terre produisoit. Cette sage précaution sauva l'Egypte durant les sept années de stérilité. On y venoit de toutes les contrées voisines pour avoir du blé; Jacob même fut obligé d'y envoyer ses enfans; il ne retint auprès de lui que Benjamin le plus jeune de tous, et fils de Rachel comme Joseph.

D. Comment Joseph traita - t - il ses frères, quand la famine les obligea d'aller chercher du blé en Egypte?

R. Joseph les ayant reconnus d'abord, voulut savoir s'ils n'auroient pas commis contre Benjamin un crime semblable à celui dont ils s'étoient rendus coupables contre lui-même. Il feignit de les prendre pour des espions, et les retint trois jours en prison. Alors saisis de frayeur, et se rappelant leurs anciennes iniquités, ils se dirent les uns aux autres : *Hélas! nous méritons bien ce qui nous arrive aujourd'hui. Nous avons péché contre notre frère: c'est son sang que Dieu nous redemande.* Joseph, qui les entendoit sans qu'ils le sussent, fut touché de leurs regrets, et se retira pour laisser couler ses larmes. Il leur fit donner du blé, et commanda qu'on remît secrètement leur argent dans leurs sacs ; mais il retint Siméon en otage, jusqu'à ce qu'ils eussent amené Benjamin.

D. Comment Joseph se fit-il reconnoître par ses frères?

R. A leur retour en Egypte, Joseph, après avoir reçu leurs hommages, les admit à manger à sa table. Ce traitement honorable les étonna ; mais ils furent bien plus surpris, lorsqu'au moment de leur départ, on les arrêta en les accusant d'avoir volé la coupe du premier Ministre. Joseph, avant de se faire connoître à ses frères, vouloit, par cette dernière épreuve, s'assurer pleinement de leurs dispositions. On visita tous leurs sacs, et la coupe se trouva dans celui de Benjamin, où l'intendant de Joseph l'avoit cachée par ordre de son maître. Benjamin paroissoit coupable; et Joseph feignit de vouloir le retenir comme esclave. Mais Juda lui représenta d'une manière si touchante quelle seroit l'affliction de Jacob, s'ils retournoient sans Benjamin qu'ils avoient promis de lui ramener, que Joseph ne pouvant plus retenir ses larmes, jeta un grand cri, et leur dit : *Je suis Joseph votre frère. Mon père Jacob est-il encore en vie?* Ses frères ne purent d'abord lui répondre, tant ils étoient saisis de frayeur à la vue de celui qu'ils avoient autrefois si maltraité. Mais Joseph les fit approcher, et les embrassa tous les uns après les autres, avec une tendresse qui leur prouva que leur crime étoit effacé de sa mémoire.

D. Où Jacob passa-t-il les dernières années de sa vie?

R. Il les passa en Egypte, où il vint joindre Joseph son fils bien-aimé, avec le reste de sa famille, alors composée de 70 personnes. Joseph, dans son élévation, ne rougit pas de déclarer à Pharaon que ses parens étoient pasteurs : il obtint pour eux le pays de Gessen, la contrée la plus fertile de toute l'Egypte.

D. Que se passa-t-il de remarquable à la mort de Jacob?

R. Ce saint Patriarche, après avoir adopté les deux fils de Joseph, Ephraïm et Manassé, prédit à chacun de ses douze enfans ce qui arriveroit à leur postérité, et annonça clairement que ce seroit de Juda que sortiroit le Sauveur du monde. *O Juda!* s'écria-t-il, *tes frères te loueront et se prosterneront devant toi. Le sceptre et l'autorité ne sortiront point de Juda; et il aura toujours des magistrats et des chefs, jusqu'à ce que vienne celui qui doit être envoyé, et qui sera le désiré des nations.* Après avoir béni ses enfans, Jacob mourut

en paix au milieu d'eux. Ils transportè-
rent son corps dans le pays de Chanaan,
et le mirent dans le tombeau d'Abraham
et d'Isaac (1689).

D. Que fit Joseph, après la mort de
Jacob?

R. Joseph, bien loin de se venger de
ses frères, répandit sur eux de nouvelles
grâces. Enfin, comblé de gloire devant les
hommes, et plein de mérite devant Dieu,
il mourut âgé de cent dix ans (1635).
Ce saint Patriarche est la figure la plus
parfaite qu'il y ait de Jésus-Christ dans
l'ancien Testament.

D. Quels traits de ressemblance trouve-
t-on entre Jésus-Christ et Joseph?

R. On en trouve un grand nombre. En
voici quelques-uns:

Joseph est haï de ses frères, parce qu'il
les accuse d'un grand crime, et qu'il est
tendrement aimé de son père. Jésus-Christ
est haï des Juifs, parce qu'il leur reproche
leurs vices, qu'il se déclare le Fils de Dieu,
et que Dieu lui-même l'appelle son Fils
bien-aimé.

Joseph est vendu et livré à des étrangers,
sa robe est teinte de sang; Putiphar le
condamne, et personne ne s'intéresse pour
lui: il souffre en silence. Jésus-Christ est
vendu trente deniers; il est livré aux Ro-
mains par les Juifs; il souffre toutes sortes

d'injures, de supplices, et enfin une mort sanglante, sans se plaindre.

Joseph est mis en prison avec deux criminels, il prédit à l'un son élévation, et à l'autre sa mort prochaine. Jésus-Christ en croix entre deux voleurs, sauve l'un, et laisse mourir l'autre dans l'impénitence.

Enfin, Joseph est trois ans dans la prison, il arrive à la gloire par les souffrances et par les humiliations, il est appelé Sauveur du monde. Jésus-Christ est trois jours dans le tombeau; il falloit qu'il souffrît et qu'il entrât ainsi dans la gloire. Le nom de *Jésus* signifie *Sauveur*, et il l'a été en effet de tous les hommes.

D. Dieu n'avoit-il d'adorateurs que dans la postérité de Jacob?

R. Il s'en trouvoit plusieurs parmi les Gentils, c'est-à-dire, parmi les nations étrangères à la famille des Patriarches. Vers le temps de la mort de Joseph, vivoit dans l'Idumée un fidèle adorateur du vrai Dieu, nommé Job. Ce saint homme, sorti de la race d'Esaü, étoit fort riche; mais au milieu des richesses, il avoit su conserver un cœur pur et droit. Le démon jaloux de sa prospérité, et plus encore de son innocence, obtint du Seigneur la permission de lui faire perdre tous ses biens; et en un seul jour, il le réduisit à la plus affreuse pauvreté (1620).

D. Comment Job supporta-t-il la perte de sa fortune ?

D. Il donna alors au monde un exemple admirable de patience et de résignation. Prosterné devant Dieu, il ne dit que ces paroles : *Je suis sorti nu du sein de ma mère, je retournerai nu dans le sein de la terre. Le Seigneur m'avoit tout donné, il m'a tout ôté ; que son saint Nom soit béni.* Le démon irrité de la constance de Job, demanda et obtint la permission de le frapper d'un ulcère horrible qui le couvroit des pieds jusqu'à la tête.

Trois Princes, amis de Job, et comme lui adorateurs du vrai Dieu, vinrent le visiter. A la vue de ses maux, ils le jugèrent coupable de quelque grand crime ; et, au lieu des consolations qu'ils lui devoient, ils ne lui adressèrent que des reproches. Job, plus éclairé que ses amis, savoit que Dieu est maître d'éprouver les justes, comme de punir les méchans. Il se consola par l'espérance d'une vie future plus heureuse que celle-ci. *Oui, je le sais, s'écria-t-il, mon Rédempteur est vivant ; je ressusciterai de la terre au dernier jour ; je verrai mon Dieu, je le contemplerai de mes propres yeux : c'est cette espérance qui me soutient, je la conserverai dans mon cœur.* Telle étoit la foi de ce grand serviteur de Dieu.

D. Comment se terminèrent les malheurs de Job ?

R. Dieu lui-même imposa silence à ses amis, et déclara qu'il ne leur pardonneroit l'injustice de leurs accusations, qu'à la prière de Job. Il lui rendit le double de toutes les richesses que le démon lui avoit enlevées, et il lui accorda une longue et heureuse vieillesse, image de cette vie éternellement heureuse, dont il devoit ensuite couronner sa patience.

D. Que devinrent les descendans de Jacob, après la mort de Joseph ?

R. Sous le nom d'Hébreux ou d'Israélites, ils continuèrent d'habiter l'Egypte, et bientôt ils formèrent un peuple nombreux. Un nouveau roi, qui n'avoit point vu Joseph, oublia ce que son royaume devoit à ce sage ministre ; et jaloux de la puissance du nouveau peuple d'Israël, il résolut de l'affoiblir et de le perdre. Il condamna donc les Israélites aux travaux publics, et ordonna de jeter dans le Nil tous les enfans mâles qui naîtroient parmi eux. (1573).

D. Par le ministère de qui Dieu délivra-t-il son peuple de la servitude ?

D. Par le ministère de Moïse, qui descendoit de Lévi, l'un des enfans de Jacob. Ses parens l'exposèrent sur les bords du Nil ; mais il fut sauvé par la fille de Pharaon, qui l'adopta, et le fit élever à la cour du roi son père. Agé de quarante ans, il quitta la cour, aimant mieux être affligé avec le peuple de Dieu, que de goûter plus long-temps les délices que lui offroient ses persécuteurs (1531). Pénétré de douleur des maux dont on accabloit les Israélites, il tua un jour un Egyptien qui maltraitoit un Hébreu ; et pour se dérober à la vengeance de Pharaon, il se sauva dans le pays des Madianites : là il s'attacha à Jéthro, prêtre du vrai Dieu chez ce peuple qui descendoit d'Abraham aussi bien que les Israélites. Moïse avoit 80 ans , lorsque Dieu lui apparut dans un buisson ardent, et lui ordonna de retourner en Egypte pour délivrer son peuple de la servitude (1491).

D. Comment Moïse obligea-t-il Pharaon de laisser sortir les Israélites de l'Egypte ?

R. Par divers fléaux dont il le frappa successivement, lui et son peuple ; c'est ce qu'on appelle les *dix plaies d'Egypte.* Pharaon parut plusieurs fois prêt à obéir au Seigneur ; mais à peine Moïse l'avoit-il délivré d'une plaie, que ce prince impie revenoit à son endurcissement. Dieu résolut donc de le frapper d'une dernière plaie plus terrible que les autres. Il ordonna aux Israélites de lui immoler un agneau
dans

dans chaque famille, et de marquer de son sang le haut de leurs portes. Les Israélites exécutèrent cet ordre. Au milieu de la nuit suivante, l'Ange du Seigneur frappa de mort tous les premiers-nés d'Egypte, tant des hommes que des animaux : il n'y eut d'épargné que les maisons dont les portes étoient teintes du sang de l'agneau. Pharaon consterné se hâta de rendre la liberté aux enfans d'Israël, qui partirent sous la conduite de Moïse, au nombre de 600,000 hommes, sans compter les femmes et les enfans.

C'est pour conserver le souvenir de cette délivrance miraculeuse, que les Israélites célébroient tous les ans la Pâque. Cette Pâque étoit visiblement la figure de la Pâque des Chrétiens, délivrés de la servitude du démon par le sang de l'Agneau sans tache, Notre-Seigneur Jésus-Christ.

D. Pharaon ne poursuivit-il pas les Israélites ?

R. Oui; mais son obstination causa sa perte. Il atteignit les Israélites sur les bords de la mer Rouge, et les resserra tellement, qu'il leur étoit impossible de lui échapper. Alors Moïse, par l'ordre de Dieu, étendit sa main sur la Mer ; aussitôt les eaux se divisèrent, et ouvrirent un large chemin aux Israélites. Les Egyptiens voulurent prendre la même route pour les poursuivre ; mais, à la voix de Moïse, les eaux se rejoignirent, et ils furent tous engloutis, sans qu'il en échappât un seul.

D. Que nous apprennent les différentes plaies dont Dieu affligea les Egyptiens ?

R. Elles nous apprennent les moyens dont Dieu se sert pour convertir les pécheurs. Il les punit d'abord en père ; il leur envoie de légères afflictions, pour les obliger de retourner à lui, et leur fait voir sa douceur dans sa colère même ; mais s'ils l'obligent de les punir en Dieu, sa vengeance devient terrible. Pharaon, submergé dans la mer Rouge avec toute son armée, en est une preuve évidente.

D. Quels miracles Dieu opéra-t-il en faveur des Israélites, dans le désert où les Israélites entrèrent après le passage de la mer Rouge ?

R. Il en opéra un très-grand nombre ; mais il y en eut deux sur-tout qui furent remarquables entre tous les autres, par leur durée et leur continuité. 1.º La nuée en forme de colonne, qui, pendant le jour, défendoit les Israélites contre l'ardeur du soleil, et qui, pendant la nuit, devenoit lumineuse pour les éclairer ; elle leur servoit aussi de guide, et les devançoit ou s'arrêtoit, selon qu'il falloit marcher ou camper. 2.º La manne : c'étoit une espèce de rosée blanche qui tomboit du ciel tous

les jours. Il falloit la recueillir avant le
lever du soleil ; car, dès qu'il commençoit
à paroître, elle se fondoit. Il n'étoit pas
permis d'en garder pour le lendemain ,
autrement elle se corrompoit , excepté le
jour du Sabbat , où il n'en tomboit point :
la veille, on en faisoit double provision,
et ce jour-là seul elle se gardoit sans se
corrompre. La manne avoit le goût de la
plus pure farine, pétrie avec de l'huile
et du miel. Les Israélites furent nourris
de ce pain miraculeux, tant qu'ils demeurèrent dans le désert ; c'est-à-dire , pendant 40 ans.

---

*Quatrième Epoque , depuis la loi de Moïse,
l'an 1491 avant J. C., jusqu'à la dédicace du temple de Salomon , l'an 1005
avant J. C. Elle renferme 486 ans.*

D. Quand et comment Dieu donna-t-il
sa Loi aux Israélites ?

R. Cinquante jours après la sortie d'E-
gypte, Dieu leur donna sa Loi sur le
mont Sinaï, parmi les éclairs et les ton-
nerres, pour leur imprimer une grande
crainte de sa puissance, et de la sévérité
avec laquelle il puniroit les transgresseurs.
Le peuple fut si épouvanté de cet appareil
terrible, que ne pouvant en soutenir la
vue, il pria Moïse de parler seul au Sei-

gneur, et promit d'exécuter fidèlement tous les ordres qu'il lui rapporteroit de sa part. Mais quelques jours après, ce peuple inconstant oublia sa promesse : trouvant que Moïse demeuroit trop long-temps sur la montagne, il contraignit Aaron, son frère, d'élever un veau d'or semblable à celui qu'adoroient les Egyptiens. Cependant, Moïse descendit de la montagne. A l'aspect de l'idolâtrie à laquelle se livroit le peuple d'Israël, saisi d'indignation, il brisa les tables de pierre sur lesquelles Dieu avoit gravé sa loi; et secondé de la tribu de Lévi, il extermina 23,000 de ces prévaricateurs.

Dieu, apaisé par cette éclatante punition, traça la Loi sur d'autres tables, qui contenoient le Décalogue, c'est-à-dire, les dix Commandemens. Il régla encore la manière dont il vouloit être honoré ; il détermina tout ce qui regardoit les sacrifices, les fêtes, le Tabernacle, l'Arche d'alliance, les fonctions des Prêtres et des Lévites, etc.

D. Qu'étoit-ce que le Tabernacle et l'Arche d'Alliance?

R. Le Tabernacle étoit une tente portative, revêtue d'étoffes précieuses. Il étoit partagé en deux parties ; l'une s'appeloit le *Saint* ou le lieu saint ; l'autre se nommoit le *Sanctuaire* ou le *Saint des Saints.*

Dans le Sanctuaire étoit placée l'*Arche d'alliance*, ainsi appelée, parce qu'elle renfermoit les dix Commandemens, qui étoient les conditions de l'alliance faite entre Dieu et les Israélites.

D. Faites-nous connoître les Prêtres, les Lévites et les sacrifices de la Loi de Moïse ?

R. Dieu choisit Aaron, frère de Moïse, et tous ses descendans, pour exercer les fonctions du Sacerdoce. Outre la famille d'Aaron, toute sa tribu, qui étoit celle de Lévi, fut destinée au culte de Dieu ; la fonction des Lévites étoit de servir les Prêtres en tout ce qui regardoit les cérémonies prescrites par la Loi. La plus importante de ces cérémonies étoit le sacrifice, que les Prêtres seuls avoient droit d'offrir. Il y avoit plusieurs sortes de sacrifices, qui tous n'étoient que la figure de ce sacrifice unique que l'Agneau sans tache a offert sur la croix, et qu'il renouvelle tous les jours, sous les apparences du pain et du vin.

D. Quelles étoient les principales fêtes de la Loi de Moïse ?

R. Les principales étoient : 1.º La *Pâque*, qui se célébroit le quatorzième jour du premier mois, c'est-à-dire, du mois de mars, en mémoire de la sortie d'Egypte ; 2.º la *Pentecôte*, 50 jours après la Pâque,

en mémoire du jour où Dieu avoit donné
sa Loi sur le mont Sinaï ; 3.º la *fête des
Tabernacles*, au septième mois. Les Israélites passoient les sept jours de cette fête
sous des tentes, en mémoire du temps
que leurs pères avoient passé dans le
désert, avant d'entrer dans la terre promise ; 4.º enfin, le *Sabbat* ou septième
jour de chaque semaine, que l'on devoit
sanctifier par les exercices de la religion,
en mémoire du repos mystérieux que prit
le Seigneur après la création du monde.

D. Quels châtimens Dieu exerça-t-il
sur les violateurs de la Loi ?

R. Il en exerça de terribles. Nadab et
Abiud, fils d'Aaron, furent dévorés par
un tourbillon de flammes, pour s'être
servis d'un feu étranger dans leurs encen-
soirs. Un Israélite, pour avoir blasphémé
le saint nom de Dieu, et un autre, pour
avoir amassé du bois le jour du Sabbat,
furent lapidés. La terre engloutit Coré,
Datham et Abiron, pour avoir voulu
usurper le sacerdoce réservé à la famille
d'Aaron ; et Marie elle-même, sœur de
Moïse, pour avoir murmuré contre lui,
fut couverte de lèpre.

Ces exemples de sévérité nous donnent
de grandes instructions ; ils nous font
voir que nous ne devons porter dans nos
cœurs, lorsque nous approchons des saints

Autels, que le feu de l'amour divin : ils nous montrent avec quel respect nous devons prononcer le nom de Dieu, sanctifier les Dimanches et les Fêtes, et révérer les Ministres de l'Eglise.

D. Pourquoi les Israélites passèrent-ils 40 ans dans le désert ?

R. Moïse avoit envoyé douze espions dans la terre de Chanaan pour la reconnoître. Ces espions en rapportèrent une grappe de raisin d'une grosseur prodigieuse, qui montroit la fertilité du pays ; mais ils ajoutèrent qu'il étoit habité par des géans qu'il seroit impossible d'en chasser. Ce rapport infidèle excita une sédition générale, et si violente, qu'on vouloit lapider Moïse. Dieu irrité déclara qu'aucun de ceux qui avoient atteint l'âge de vingt ans, n'entreroit dans la Terre promise, et que tous mourroient dans le désert. Sur 600,000 hommes, il n'y eut d'excepté que Caleb et Josué, qui n'avoient point pris de part à la sédition ; figure terrible du petit nombre des Elus.

D. Les Israélites, condamnés à mourir dans le désert, en devinrent - ils plus dociles ?

R. Non ; ils renouvelèrent plusieurs fois leurs murmures. Ennuyés de la manne, ils regrettoient hautement la viande et les oignons d'Egypte. Dieu leur fit sentir de nouveaux effets de sa colère, en envoyant des serpens dont la morsure causa parmi eux une affreuse mortalité. Le mal ne cessa qu'après que Moïse, par ordre de Dieu, eut élevé un serpent d'airain, à la vue duquel les blessés étoient guéris.

Ce serpent étoit la figure de J. C. qui, élevé en Croix, devoit guérir les blessures que le péché d'Adam avoit faites à l'homme.

D. Dites-nous les circonstances de la mort de Moïse ?

R. Moïse, après avoir gouverné les Israélites pendant quarante ans, et après avoir écrit leur Histoire, qu'il fit mettre dans l'Arche avec les tables de la Loi, remit la conduite du peuple à Josué. Il mourut à l'âge de cent vingt ans, sur le mont Nébo, à la vue de la Terre promise. Le Seigneur ne voulut point qu'il y entrât; c'étoit une punition de la défiance que Moïse avoit montrée dans le désert, lorsque, pour faire sortir de l'eau d'un rocher, il le frappa deux fois, au lieu de lui ordonner simplement de s'ouvrir (1451).

D. Comment Moïse a-t-il pu écrire l'Histoire du peuple de Dieu, et sur-tout celle de la création du monde ?

R. Moïse n'étoit éloigné d'Adam que de quatre ou cinq générations, et par conséquent il lui fut aisé de recueillir une tradition que la longue vie des anciens Patriarches rendoit très-fidèle. Il étoit petit-fils de Lévi, qui avoit vécu avec Isaac; Isaac avoit vécu avec Sem, qui étoit du temps du déluge; et Sem avoit vu Lamech, qui avoit vécu long-temps avec Adam. Indépendamment de ce secours, Moïse étoit inspiré de Dieu.

Cette Histoire contient ce qui est arrivé depuis l'origine du monde jusqu'à la mort de Moïse, et elle est renfermée dans les cinq livres du *Pentateuque.*

D. Qui introduisit le peuple de Dieu dans la Terre promise?

R. Ce fut Josué, successeur de Moïse: Dieu releva l'autorité de ce nouveau Chef de son peuple, par deux prodiges éclatans. Le premier fut que le Jourdain remonta vers sa source, pour ouvrir un passage libre aux Israélites. Le second fut la prise de la ville de Jéricho, dont les murailles tombèrent devant l'Arche et au son des trompettes (1451).

D. Que firent les peuples du pays de Chanaan, pour arrêter les conquêtes des Israélites?

R. Ils se liguèrent tous ensemble pour les combattre: il n'y eut que les Gabaonites qui, se défiant de leurs forces, se soumirent à Josué. Les autres peuples, se voyant abandonnés par les Gabaonites, marchèrent contr'eux. Josué marcha à leur secours, battit leurs ennemis, et, pour avoir le temps de compléter sa victoire, il ordonna au soleil de s'arrêter. Le soleil obéit à sa voix, et demeura immobile au milieu du ciel jusqu'à ce que toute l'armée ennemie fût taillée en pièces.

Josué détruisit encore quelques peuples qui s'opposoient au progrès de ses armes; mais Dieu ne permit pas qu'ils fussent tous exterminés : il vouloit s'en servir pour éprouver la fidélité de son peuple, et en faire les instrumens de sa justice, si les Israélites venoient à oublier ses bienfaits.

D. Que fit Josué après avoir conquis la Terre promise ?

R. Il la distribua aux douze Tribus. Il n'y eut que ceux de la Tribu de Lévi, c'est-à-dire, les Prêtres et les Lévites, qui n'eurent point de terres en partage; parce que Dieu leur avoit donné pour subsistance les dîmes et les prémices de tous les fruits de la terre. Josué mourut quelque temps après, avec la consolation de n'avoir vu faire, pendant son gouvernement, aucun acte d'idolâtrie au peuple de Dieu (1434).

D. Comment se comportèrent les Israélites, quand ils furent en possession de la Terre promise ?

R. Ils demeurèrent fidèles au service du Seigneur pendant la vie des Anciens qui avoient été les témoins des merveilles que Dieu avoit opérées pour eux ; mais, après leur mort, ils s'abandonnèrent souvent au désordre et à l'idolâtrie. Dieu, pour les punir, les réduisoit en servitude, et leur faisoit sentir la pesanteur de son bras, jusqu'à ce qu'ils eussent recours à lui. Dès qu'ils étoient rentrés en eux-mêmes, il leur suscitoit des Juges qui les tiroient de l'esclavage. Les principaux de ces Juges furent Gédéon, Jephté, Samson, Héli et Samuel.

D. Comment Gédéon délivra-t-il le peuple de Dieu des mains de ses ennemis ?

R. Les Madianites opprimoient le peuple de Dieu. Gédéon, choisi pour être son libérateur, ne prit avec lui que trois cents hommes, à qui il donna pour armes des trompettes et des flambeaux cachés dans des vases de terre. Ces trois cents Israélites environnèrent pendant la nuit le camp des Madianites ; et, au signal que leur donna Gédéon, ils brisèrent leurs vases les uns contre les autres. Tout-à-coup le son des trompettes, mêlé au feu des flambeaux, jeta un si grand effroi parmi les ennemis, qu'ils s'entretuèrent les uns les autres, au nombre de 120 mille hommes (1245).

D. Quel vœu imprudent fit Jephté ?

R. Il promit à Dieu, s'il remportoit la victoire sur les Ammonites, de lui sacrifier la première personne qui viendroit au-devant de lui. A son retour, sa fille se présenta la première, et le reçut au son des tambours et des trompettes. A cette vue, Jephté, percé jusqu'au fond du cœur, reconnut l'indiscrétion de son vœu ; mais sa fille, contente de voir son père victorieux, l'exhorta à l'accomplir. Jephté l'accomplit en effet : quelques-uns croient cependant que ce ne fut pas en immolant sa fille, mais en la consacrant à Dieu (1187).

D. Quels sont les principaux exploits de Samson ?

R. Les Israélites avoient mérité d'être opprimés par les Philistins. Cette punition les fit rentrer en eux - mêmes, et Dieu pensa à les délivrer ; mais pour cette fois il ne voulut employer contre tout un peuple qu'un seul homme qu'il doua d'une force prodigieuse. Samson fit le premier essai de ses forces contre un lion furieux, qu'il saisit et mit en pièces.

Insulté par les Philistins, et sachant que Dieu l'avoit destiné à humilier ces oppresseurs de son peuple, il prit trois cents renards, leur attacha à la queue des flambeaux ardens, et les lâcha dans les blés et les vignes des Philistins, où ces animaux causèrent un dégât horrible (1135).

Les Philistins exigèrent qu'on leur livrât l'auteur du dégât; Samson leur fut donc livré, lié de deux grosses cordes. Dès qu'il fut au milieu de leur armée, il rompit ses liens comme un fil; et ayant trouvé sous sa main une mâchoire d'âne, il en tua mille Philistins, et mit le reste en fuite.

D. Comment mourut Samson?

R. Les Philistins, désespérant de vaincre Samson à force ouverte, eurent recours à la ruse. Ils engagèrent une femme nommée Dalila, à lui surprendre son secret, et à découvrir d'où venoit cette force qui le rendoit invincible. Samson ayant eu la foiblesse de lui avouer que toute sa force consistoit dans sa chevelure, la perfide Dalila profita de son sommeil pour lui couper les cheveux; et Samson tomba entre les mains des Philistins, qui lui crevèrent les yeux et le chargèrent de chaînes. Quelque temps après, ses cheveux repoussèrent; et avec eux sa force étoit revenue. Les Philistins, dans une de leurs fêtes le firent amener, pour leur servir de jouet. Samson alors saisissant deux colonnes sur lesquelles portoit tout l'édifice, invoqua le Seigneur, puis il les secoua, en s'écriant: *Que je meure avec les Philis-*

tins! Tout l'édifice fut renversé, et Samson demeura enseveli sous les ruines, avec trois mille Philistins, parmi lesquels étoient les princes de cette nation infidèle (1117).

D. Quelle punition sévère Dieu exerça-t-il sur le grand-prêtre Héli?

R. Héli, juge d'Israël après la mort de Samson, étoit vénérable par sa piété; mais il se montra trop indulgent pour ses enfans Ophni et Phinéès, tous deux très-vicieux, et devenus un objet de scandale pour les Israélites. Dieu, irrité de la perversité des enfans et de la mollesse du père, fit éclater contr'eux sa colère. En un même jour, l'Arche du Seigneur fut prise, Ophni et Phinéès, qui la portoient, furent tués, et trente mille Juifs furent taillés en pièces par les Philistins. A la nouvelle de ce désastre, le grand-prêtre Héli tomba à la renverse, et se fendit la tête. Telles furent les suites funestes de sa négligence à réprimer les désordres de ses enfans (1116).

D. Que devint l'Arche du Seigneur chez les Philistins?

R. Ils la placèrent dans le Temple de Dagon; mais le lendemain, l'idole de leur dieu se trouva renversée et brisée. En même temps, Dieu frappa les Philistins de tant de maux, que, forcés de reconnoître sa puissance, ils renvoyèrent d'eux-mêmes l'Arche dans le pays d'Israël ; elle fut déposée chez le lévite Aminadab, à qui elle attira toutes sortes de bénédictions. En cela elle étoit la figure sensible de J. C., qui ne demande qu'à répandre ses grâces sur les hommes, lorsqu'ils ne s'en rendent pas indignes ; mais qui sait faire éclater sa puissance, par le châtiment de ceux qui méprisent sa bonté. Elle étoit encore une figure de l'Eucharistie, qui donne la vie aux bons et la mort aux méchans.

D. Quel fut le dernier Juge d'Israël ?

R. Ce fut le saint prophète Samuel, qui, encore enfant, avoit reçu ordre de Dieu d'avertir le grand-prêtre Héli des châtimens qui le menaçoient lui et sa famille. Après la mort déplorable d'Héli, Samuel parcourut tout le pays d'Israël pour en bannir l'idolâtrie. Son zèle ne fut pas infructueux : tout le peuple revint au Seigneur ; il secoua le joug des Philistins, et vécut en paix, tant que le saint Prophète gouverna par lui-même. Mais ses enfans ne lui ressembloient pas ; leur mauvaise conduite fut cause que les Israélites voulurent avoir un Roi comme les autres nations. Samuel consulta le Seigneur, qui lui ordonna d'acquiescer aux désirs du peuple.

D. Quel fut le premier Roi du peuple de Dieu ?

R. Ce fut Saül; et voici comment Dieu fit connoître le choix qu'il avoit fait de lui. Son père ayant perdu ses ânesses, l'envoya pour les chercher : comme Saül ne les trouva point, il s'adressa à Samuel pour savoir où elles étoient. Le Prophète, à qui Dieu avoit révélé qu'il avoit choisi l'inconnu qui s'adresseroit à lui, le sacra Roi, et le sort, qui fut jeté sur toutes les Tribus assemblées par ordre de Dieu pour élire un Roi, confirma l'onction faite par Samuel (1095).

D. Comment Saül se conduisit-il sur lé trône ?

R. Les premières années du règne de Saül furent très-heureuses. Il défit en plusieurs occasions les Philistins: mais ayant, contre la défense du Seigneur, épargné Agag roi des Amalécites, avec la meilleure partie de ses troupeaux, Samuel vint lui annoncer que Dieu l'avoit rejeté; et comme Saül voulut s'excuser, en disant qu'il n'avoit réservé les troupeaux que pour les offrir à Dieu, le Prophète lui déclara que Dieu aimoit mieux l'obéissance que les sacrifices (1090).

D. Quel successeur Dieu destina-t-il à Saül après sa désobéissance?

R. Le jeune berger David, fils d'Isaï, de la petite ville de Bethléem, dans la tribu de Juda. Dieu ordonna à Samuel d'aller le consacrer. Dès ce moment, l'esprit divin remplit David, et quitta Saül, qui fut saisi de l'esprit malin. Cet accident funeste fut le juste châtiment de ce Roi ingrat et rebelle, et le commencement de la grandeur de David. Dieu même lui aplanit les voies au Trône, en lui faisant remporter une victoire signalée sur Goliath.

D. Quel étoit Goliath, et comment fut-il vaincu par David?

R. Goliath étoit un Philistin d'une grandeur monstrueuse, qui insulta, pendant quarante jours, l'armée des Israélites, blasphémant le nom du Seigneur, et les défiant de terminer la guerre par un duel. Quoique Saül eût promis sa fille Michol avec de grands biens à celui qui vaincroit le géant, personne n'avoit encore osé accepter le défi, lorsque le jeune David, qui étoit venu au camp pour voir ses frères, demanda et obtint la permission de combattre. Goliath, le voyant approcher armé seulement d'une fronde et d'un bâton, lui dit : *Me prends-tu pour un chien, en venant à moi avec un bâton ? Non,* répondit David, *mais pour l'ennemi du Seigneur.* Il courut aussitôt à lui, et d'un coup de fronde lui enfonça une pierre dans le front. Le Philistin tomba, David se jeta sur lui, et lui coupa la tête avec sa propre épée.

La mort de Goliath mit la terreur dans l'armée des Philistins, qui furent taillés en pièces : et David, après une victoire si glorieuse, fut ramené en triomphe, aux acclamations des femmes qui chantoient : *Saül en a tué mille; et David dix mille.*

D. Comment Saül récompensa-t-il David de sa victoire sur Goliath ?

R. Par l'ingratitude, récompense ordinaire des grands services. Saül alla plus loin : indigné de la préférence qu'on donnoit sur lui à David, il employa les moyens les plus honteux pour lui ôter la vie. Plusieurs fois il voulut le percer de sa lance. David ne trouva d'autre moyen d'échapper à la mort, que de quitter la Cour. Il s'enfuit, aidé des conseils de Jonathas fils de Saül, qui lui donna en cette occasion des preuves de l'amitié la plus généreuse. Saül, furieux de voir David à l'abri de ses coups, s'en vengea sur le grand-prêtre Achimélech, qu'il fit égorger avec quatre-vingt-dix autres prêtres du Seigneur, pour lui avoir donné retraite dans sa fuite.

D. David pensa-t-il à se venger de l'injustice de Saül ?

R. David montra une modération admirable. Saül avoit entrepris de le poursuivre jusque dans le désert où il s'étoit retiré.

Une nuit, pendant que ce prince dormoit environné de sa garde, David pénétra jusqu'à sa tente sans être découvert. Rien ne lui étoit plus facile que de le tuer; mais il respecta l'oint du Seigneur dans un ennemi, que Dieu sembloit avoir livré entre ses mains, et se contenta de prendre sa lance et sa coupe qu'il lui renvoya quelques momens après. David usa de la même modération, un jour que Saül étoit entré seul dans une caverne où il étoit caché: il lui coupa seulement le bord de son manteau, afin que ce prince ne pût douter qu'il n'étoit redevable de la vie qu'à la générosité de celui qu'il persécutoit avec tant de fureur.

D. Quelle fut la fin de Saül?

R. Ce malheureux prince ayant obligé une magicienne d'évoquer l'ame de Samuel, pour apprendre quel seroit son sort dans la guerre qu'il faisoit aux Philistins, en eut pour réponse que ses troupes seroient défaites, et qu'il y périroit avec ses trois fils. La prédiction fut accomplie; et ce fut lui-même qui se donna la mort, en se laissant tomber sur la pointe de son épée (1054).

David pleura amèrement Saül et Jonathas. Un Amalécite, qui se vantoit d'avoir contribué à la mort de Saül, vint lui en apporter la nouvelle. David lui demanda comment il avoit été assez hardi pour mettre la main sur l'oint du Seigneur, et sur-le-champ il le fit mourir.

D. Que fit David lorsqu'il se vit paisible possesseur de son royaume?

R. Il en fixa le siége à Jérusalem, et y fit transporter l'Arche d'alliance, qui, depuis son retour du pays des Philistins, étoit restée en dépôt dans la maison d'Aminadab. Dans le trajet, l'Arche pencha, et parut en danger de tomber du char qui la portoit. A cette vue, un Lévite nommé Oza, contre la défense de la loi, y porta la main pour la soutenir : sur-le-champ sa témérité fut punie ; il tomba mort au pied de l'Arche. David effrayé, n'osa la recevoir dans son palais; il la déposa dans la maison d'Obédédom, où elle demeura trois mois. Alors apprenant les bénédictions que l'Arche avoit attirées sur toute la maison d'Obédédom, il reprit son premier dessein, et la fit transporter dans son palais avec beaucoup de pompe et de piété (1048).

D. David fut-il constamment fidèle à Dieu?

R. David avoit vaincu les Philistins et tous les autres ennemis du peuple de Dieu. Mais, au milieu de la gloire que lui avoient acquise ses exploits et ses vertus, ce Prince si sage et si religieux s'oublia pendant quelque temps, et montra par son exemple combien l'homme doit craindre sa propre foiblesse. Il s'abandonna à l'oisiveté, et l'oisiveté le conduisit à un double crime. Il rendit infidèle Bethsabée, femme d'Urie, l'un de ses plus braves officiers; il fit périr Urie lui-même, pour pouvoir épouser Bethsabée; et passa une année entière sans témoigner aucun repentir. Enfin le prophète Nathan vint lui reprocher son ingratitude envers le Seigneur, et lui annonça les maux qui alloient fondre sur lui. David, à ces reproches, rentra en lui-même, et touché d'un vif regret, il se soumit humblement aux châtimens dont il étoit menacé.

D. Comment David fut-il puni de son péché?

R. Il en fut puni par la révolte d'Absalon, l'un de ses fils, qui le chassa de Jérusalem. David en sortit pieds nus, la tête couverte, et les yeux baignés de larmes : il fut poursuivi par un parent de Saül, nommé Séméi, qui lui jetoit des pierres et le chargeoit de malédictions. Ceux qui accompagnoient David voulurent se jeter sur cet insolent ; mais ce Prince pénitent les en empêcha, et voulut subir toute l'humiliation qu'il savoit avoir méritée.

D. Quel fut le succès de la révolte d'Absalon ?

R. Tous les fidèles sujets de David vinrent

se réunir à leur Prince; et Absalon étant venu l'attaquer à la tête d'une nombreuse armée, fut entièrement défait. David avoit ordonné de l'épargner; mais ce fils rebelle ne devoit pas échapper à la peine de son attentat. Il prit la fuite, monté sur une mule. Comme il passoit sous un chêne, sa chevelure qui étoit très-épaisse s'embarrassa dans les branches; et la mule continuant de courir, il y demeura suspendu par les cheveux. Ce fut là, qu'ayant eu le cœur percé de trois dards par Joab général des troupes de David, il laissa un exemple terrible aux enfans assez dénaturés pour manquer de respect et d'obéissance à ceux à qui ils doivent le jour (1023).

D. Quel fut le successeur de David?

R. Ce fut Salomon, que Dieu lui-même avoit choisi pour lui succéder. David fit donner l'onction royale à ce jeune Prince, et mourut peu de temps après, dans une heureuse vieillesse (1015). C'est ce saint Roi qui, animé de l'esprit de Dieu, a composé les Psaumes que l'Eglise catholique chante dans les Offices divins.

Dès que Salomon fut monté sur le trône, Dieu lui apparut, et le laissa maître d'obtenir de lui telle grâce qu'il voudroit. Salomon demanda la sagesse. Cette demande fut si agréable au Seigneur, qu'à ce don précieux, il ajouta les richesses, la gloire, et la promesse d'une longue vie, pourvu qu'il continuât à lui être fidèle. En effet, Salomon devint bientôt le plus opulent et le plus grand des Rois de la terre; sa réputation s'étendit dans tout l'Orient; et la Reine de Saba vint du fond de l'Ethiopie à Jérusalem, pour connoître par elle-même ce qu'on lui avoit dit de la sagesse et de la gloire de Salomon.

Première partie de la cinquième Epoque, depuis la dédicace du temple de Salomon, l'an 1005 avant Jésus – Christ, jusqu'à la ruine du royaume d'Israël, l'an 718 avant Jésus-Christ. Elle renferme 287 ans.

D. QUELLE fut la plus grande entreprise de Salomon?

R. Ce fut la construction d'un Temple magnifique en l'honneur du vrai Dieu. Il fut bâti sur le modèle du Tabernacle que Moïse avoit élevé dans le désert. Le Sanctuaire, où devoit être placée l'Arche d'alliance, fut revêtu en dedans d'un or très-pur. Au milieu de la seconde partie du Temple, appelé le *Saint*, étoit un autel d'or nommé l'*Autel des parfums*. En devant se trouvoient deux parvis, l'un pour les

Prêtres, où étoit l'autel des holocaustes ; et l'autre pour tout le peuple : tous deux environnés de galeries et de bâtimens magnifiques. Salomon employa sept années entières, 200,000 ouvriers, et des richesses immenses à la construction de cet auguste édifice. Quand le Temple fut achevé, on en fit la dédicace, et l'on y transporta l'Arche d'alliance avec beaucoup de solennité.

D. Salomon conserva-t-il toujours sa sagesse ?

R. Ce Prince vécut dans l'innocence jusqu'à un âge avancé. Mais enfin, une trop constante prospérité lui devint funeste. Des femmes étrangères, qu'il avoit épousées contre la défense de la Loi, corrompirent son cœur et le firent tomber dans l'idolâtrie. Le Seigneur, justement irrité de son ingratitude, lui fit déclarer qu'après sa mort son royaume seroit divisé, et qu'il n'en resteroit à son fils que la moindre partie. On ignore si Salomon s'est repenti de ses fautes avant sa mort ; aussi sera-t-il pour tous les siècles un exemple déplorable de la corruption du cœur humain, contre laquelle nous ne trouverons de préservatif assuré, ni dans notre sagesse, ni dans nos vertus passées, mais uniquement dans la miséricorde du Seigneur.

D.

D. Quelle fut l'occasion de la révolte et du schisme des dix tribus?

R. Roboam, fils de Salomon, venoit de monter sur le trône, lorsque les Israélites se rassemblèrent pour le prier de diminuer les impôts. Le Roi, au lieu de suivre l'avis des vieillards, écouta de jeunes courtisans qui lui conseillèrent de rejeter la demande du peuple. Il le fit, et la dureté de sa réponse excita un soulèvement général. Les seules tribus de Juda et de Benjamin, auxquelles se joignit celle de Lévi, restèrent fidèles à Roboam, et elles formèrent le royaume de Juda : les dix autres tribus se donnèrent à Jéroboam, qui prit le nom de Roi d'Israël (980).

D. Quelle fut la conduite des premiers Rois de Juda?

R. Roboam fut fidèle au Seigneur pendant quelques années; mais ayant ensuite imité l'idolâtrie de son père, il en fut puni par le pillage du Temple que fit Sézac, roi d'Egypte. Abias, fils de Roboam, ne se montra pas meilleur que lui : mais Aza son petit-fils rétablit le culte divin, te donna à son peuple l'exemple de la piété. Cependant l'Ecriture sainte lui reproche d'avoir eu, dans sa dernière maladie, moins de confiance en Dieu qu'en l'art des médecins (919).

D

Josaphat, fils d'Aza, formé dès l'enfance à la pratique de toutes les vertus, eut le bonheur d'y persévérer jusqu'à la fin. Il marcha sur les traces de David, et n'oublia rien de ce qui pouvoit affermir son peuple dans le culte du vrai Dieu. Aussi son autorité fut-elle respectée au dedans et au dehors : aucun des Princes voisins n'osa l'attaquer; et Dieu, selon la promesse qu'il en avoit faite, récompensa le Roi et son peuple par une paix profonde et par toutes sortes de prospérités.

D. Les successeurs de Josaphat imitèrent-ils la piété de ce saint Roi?

R. Joram son fils, et après lui Ochozias, ne se distinguèrent que par leur impiété, et eurent tous deux une fin malheureuse. Après la mort d'Ochozias, Athalie sa mère fit massacrer les enfans de ce Prince, et s'empara du trône de Juda (889). Mais Dieu, qui veilloit à la conservation de la famille de David, dont devoit naître le Messie, sauva du massacre le dernier des fils d'Ochozias, nommé Joas. Josabeth sa tante, et épouse du grand-prêtre Joïada, le cacha dans le temple. L'impie Athalie fit bâtir un temple à Baal ; et depuis sept ans, elle jouissoit du fruit de ses crimes, lorsque Joïada entreprit de rétablir sur le trône l'héritier légitime de David. Il assembla les Lévites, et en leur présence il donna l'onction royale au jeune Joas. Athalie accourut au temple pour se défaire du nouveau Roi ; mais cette mère dénaturée y trouva le châtiment de ses crimes, et sa mort assura le trône au légitime héritier de David (883).

D. Joas fut-il constamment fidèle au Seigneur?

R. Joas se conduisit sagement tant que vécut Joïada. Mais après la mort de son bienfaiteur, il oublia ses devoirs, et poussa l'ingratitude jusqu'à faire lapider, dans le vestibule du temple, Zacharie, fils de Joïada, qui lui reprochoit son infidélité. Zacharie en mourant, s'écria : *Dieu le voit, et il en fera justice* (845). En effet, un an après, les Syriens mirent Jérusalem au pillage, et outragèrent indignement Joas : enfin, ce malheureux Prince fut assassiné par ses propres officiers, et enseveli sans honneur hors du tombeau des Rois de Juda.

D. Faites-nous connoître les successeurs de Joas?

R. Amasias, fils de Joas, après avoir imité son père dans la piété de sa jeunesse, l'imita aussi dans les égaremens de sa vieillesse; et sa fin ne fut pas moins déplorable (816).

Ozias, qui lui succéda, donna d'abord de grands exemples de justice et de reli gion ; mais il fut ensuite frappé de lèpre, pour avoir voulu usurper les fonctions sacerdotales.

Joathan son fils fut du petit nombre de ceux qui persévérèrent jusqu'à la fin dans le service du Seigneur.

Après lui, Achaz marcha par une voie toute opposée (739); il poussa l'impiété jusqu'à faire passer ses enfans par le feu, pour les consacrer au faux dieu Moloch : et, pour comble de malheur, les adversités dont Dieu l'accabla en punition de ses crimes, ne firent qu'endurcir son cœur.

Ezéchias son fils ne lui ressembla en rien. Nous verrons son histoire, après que nous aurons repris celle du royaume d'Israël, qui fut détruit sous le règne de ce Prince.

D. Comment Jéroboam, usurpateur du royaume d'Israël, commença-t-il son règne ?

R. Craignant que ses nouveaux sujets, s'ils alloient au temple de Jérusalem, ne rentrassent dans l'obéissance due à leur souverain légitime, il résolut de les en détourner en les faisant changer de religion. Il fit élever deux veaux d'or, l'un à Béthel, l'autre à Dan, et les leur fit adorer, disant que c'étoient là les dieux qui les avoient tirés de l'Egypte. Un Prophète indigné de cette idolâtrie, vint la lui reprocher. Jéroboam, ne pouvant souffrir la sainte liberté du Prophète, étendit la main pour donner ordre de le prendre; mais elle sécha aussitôt : le Prophète le guérit néanmoins, mais il ne le convertit pas (980).

D. Quel sort eurent les Rois d'Israël, successeurs de Jéroboam ?

R. Presque tous furent de très-méchans princes; presque tous aussi eurent une fin malheureuse. Nadab, fils de Jéroboam, fut tué par Baasa, qui régna à sa place, et qui fit passer au fil de l'épée toute la famille de Jéroboam. Ela, fils de Baasa, fut égorgé dans un festin par Zambri, général de ses armées; et Zambri se voyant assiégé par Amri, autre général de Baasa, fit mettre le feu à son palais et s'y brûla (934).

A Amri, qui fit de Samarie la capitale du royaume, succéda son fils Achab, qui surpassa en impiété tous ses prédécesseurs, et rendit presque tous ses sujets aussi méchans que lui (923).

D. Dieu ne punit-il pas l'impiété d'Achab?

R. Dieu suscita le Prophète Elie, qui déclara à ce Prince qu'en punition de ses crimes, il ne tomberoit sur la terre ni pluie ni rosée pendant trois ans et demi. En effet le ciel se ferma, et tout Israël éprouva les horreurs de la plus cruelle famine. Pendant ce temps, Elie alla se cacher sur le bord d'un torrent, où tous les jours les corbeaux, par ordre de Dieu, lui apportoient du pain et de la viande. Quand le torrent fut desséché, il alla à Sarepta ville des Sidoniens. Près d'y arriver, il vit une pauvre femme à qui il ne restoit qu'un peu de farine et d'huile. Il lui demanda du pain. Cette femme lui en donna de bon cœur ; et sa charité fut récompensée sur-le-champ : car Elie multiplia ses petites provisions ; la farine et l'huile ne diminuèrent point durant tout le temps de la famine.

D. Comment se termina la famine qui désoloit le royaume d'Israël ?

R. Elie proposa au Roi et à tout le peuple, d'offrir un sacrifice au Dieu qu'il adoroit, pendant que les prêtres de Baal en offriroient un à leur idole ; et il demanda qu'on reconnût pour vrai Dieu celui qui témoigneroit accepter le sacrifice, en y faisant descendre le feu du ciel. En vain les prêtres de Baal invoquèrent-ils leur dieu, depuis le matin jusqu'à midi, personne ne leur répondit ; ce qui donna occasion à Elie de leur dire : *Criez plus haut, peut-être que votre dieu dort ou qu'il est à table.* Ils redoublèrent leurs cris, et se firent des incisions par tout le corps; mais leur dieu resta sourd.

Elie, au contraire, n'eut pas plutôt fait sa prière, que le feu du ciel descendit sur l'holocauste et le consuma. A la vue de ce prodige, tout le peuple se prosterna, en s'écriant : *C'est le Seigneur, c'est le Dieu d'Elie qui est le véritable Dieu.* Alors Elie demanda au Seigneur la fin de la sécheresse, qui duroit depuis trois ans et demi. A peine eut-il fait sa prière, que le ciel, qui étoit parfaitement serein, se couvrit de nuages, et il tomba une pluie abondante qui rétablit la fertilité.

D. Les miracles du prophète Elie firent-ils rentrer Achab en lui-même?

R. Ce Prince n'en devint pas meilleur. De concert avec Jézabel son épouse, encore plus méchante que lui, il fit mourir un Israélite nommé Naboth, pour s'emparer de ses biens. Mais au moment où Achab s'applaudissoit du succès de son crime, Elie vint lui dire de la part de Dieu : *Voici ce que dit le Seigneur : En ce même lieu où les chiens ont léché le sang de Naboth, ils lécheront aussi votre sang. Jézabel, qui a partagé votre crime, en partagera la punition; son corps sera dévoré par les chiens, et toute votre race sera exterminée.*

D. Comment mourut Achab ?

R. Achab, qui étoit en guerre avec les Syriens, appela à son secours Josaphat, roi de Juda ; et ayant appris que le Roi de Syrie avoit donné ordre à ses officiers de tourner tous leurs efforts contre sa personne, il se déguisa le jour de la bataille ; de sorte que Josaphat parut seul avec les ornemens d'un Roi. Les Syriens, qui le prirent pour Achab, commençoient à l'envelopper et à l'attaquer de toutes parts. Josaphat, à la vue de ce danger, eut recours au Seigneur qui écarta de lui les ennemis qui le pressoient. Achab, au contraire, malgré toutes les précautions qu'il avoit prises, ne put échapper à la mort. Dieu, qui sait trouver les criminels quand le temps de ses vengeances est venu, fit qu'une flèche, tirée au hasard, vint le percer, selon la prédiction du prophète Élie (901). Au retour de cette expédition, Josaphat rencontra un Prophète, qui lui reprocha de s'être allié avec l'impie Achab, et lui déclara que le Seigneur ne l'avoit épargné qu'en considération de ses vertus passées.

D. Ochosias, successeur d'Achab, suivit-il les traces de son père ?

R. Il lui ressembla dans son impiété ; mais son règne ne fut pas long. Etant tombé d'une fenêtre de son palais, il consulta les faux dieux sur les suites de sa chute. Elie indigné, envoya demander au Roi s'il n'y avoit point de Dieu dans Israël, et lui fit annoncer qu'il ne guériroit point. Ochosias envoya un capitaine à la tête de cinquante hommes pour se saisir d'Elie. Le capitaine arrivé près du Prophète, lui dit avec dérision : *Homme de Dieu, le Roi vous ordonne de me suivre. Si je suis homme de Dieu*, répondit Elie, *que le feu du ciel descende, et vous dévore, vous et vos cinquante hommes.* A l'instant le feu du ciel descendit et les dévora. Un second capitaine, qui parla avec la même insolence que le premier, éprouva le même sort. Un troisième témoigna plus de respect; il se prosterna devant Elie, l'homme de Dieu consentit à le suivre, et vint déclarer au Roi, que pour avoir mis sa confiance dans les faux dieux, il ne se relèveroit point du lit où il étoit couché (900). Ce fut la dernière action d'Elie. Bientôt après, il fut enlevé de la terre, dans un char de feu : il doit y reparoître avec Enoch à la fin des siècles, pour disposer les hommes au dernier Jugement. Elisée disciple d'Elie fut héritier de son manteau, ainsi que du don de prophétie et des miracles.

D. Quels furent les premiers miracles du prophète Elisée, disciple et successeur d'Elie?

R. Il divisa les eaux du Jourdain en les frappant avec le manteau d'Elie, et passa ce fleuve à pied sec. Il corrigea avec du sel l'amertume de la fontaine de Jéricho. De-là il passa à Bethel, ville abominable par le culte du veau d'or. On s'y moquoit des Prophètes : les enfans même étoient instruits à les mépriser. En approchant de la ville, Elisée se vit investi par une troupe de jeunes gens qui se mirent à le charger d'injures. Le Prophète les maudit au nom du Seigneur, sur qui retomboient les insultes faites à son ministre. Aussitôt deux ours sortirent d'un bois voisin, et se jetèrent sur ces jeunes gens, qu'ils déchirèrent au nombre de quarante-deux : terrible, mais juste punition de leur mépris pour les envoyés de Dieu (900).

D. Qu'arriva-t-il de remarquable sous Joram, frère et successeur d'Ochosias?

R. Le Roi de Syrie, qui attribuoit aux conseils d'Elisée le mauvais succès de ses armes contre le Roi d'Israël, envoya des gens pour se saisir de lui. Le Prophète demanda au Seigneur de les frapper d'une espèce d'aveuglement qui leur fît voir les objets tout autres qu'ils n'étoient. Sa prière fut exaucée. Il alla donc au-devant des ennemis, et leur dit : *Suivez-moi, je vous montrerai Elisée.* Les Syriens, qui ne le reconnoissoient plus, le suivirent; et sans qu'ils pussent s'en apercevoir, il les mena jusqu'au milieu de Samarie. Quand ils y furent, le Prophète pria le Seigneur de leur ouvrir les yeux ; et les Syriens reconnurent, avec autant de frayeur que de surprise, qu'ils étoient renfermés dans la ville capitale du Roi d'Israël. Ce Prince vouloit les faire mourir : mais Elisée s'y opposa ; il leur fit même donner les rafraîchissemens dont ils avoient besoin, et les renvoya à leur maître, le Roi de Syrie.

D. Les Syriens surent-ils reconnoître la générosité d'Elisée à leur égard ?

R. Non : ils vinrent attaquer Samarie, et réduisirent la ville à une telle extrémité, que des mères furent réduites à manger leurs propres enfans. Tout sembloit désespéré, lorsqu'un jour Elisée annonça au roi, que le lendemain les vivres se donneroient presque pour rien. Un officier, qui se trouva présent, dit à Elisée, que quand le Seigneur ouvriroit les cieux pour en faire pleuvoir des vivres, la chose étoit impossible. Elisée l'assura qu'il verroit cette abondance, mais qu'il n'en profiteroit pas.

La nuit suivante, Dieu fit entendre aux Syriens le bruit d'une armée formidable qui venoit les attaquer. Ils en furent si effrayés, qu'ils prirent la fuite, laissant dans leur camp des vivres en abondance.

L'officier, qui n'avoit pas voulu croire à la prédiction d'Elisée, fut placé à la porte pour empêcher le désordre parmi le peuple, qui sortoit en foule pour aller piller le camp des ennemis; mais l'empressement étoit si grand, qu'il fut écrasé sous les pieds de la multitude. Ainsi se vérifia la parole du Prophète.

D. Comment s'accomplit la prédiction d'Elie sur la postérité d'Achab?

R. Par le massacre qu'en fit Jéhu, l'un des officiers de Joram. Il se révolta contre ce Prince, et le tua dans la vigne de ce même Naboth qu'Achab avoit fait mourir. L'impie Jézabel, femme d'Achab, fut précipitée du haut d'une fenêtre; son corps fut foulé aux pieds des chevaux, et dévoré par les chiens; de sorte qu'on n'en trouva que le crâne et les extrémités des mains et des pieds (889).

Jéhu, devenu roi d'Israël, ne persévéra pas dans le zèle qu'il avoit d'abord fait paroître contre l'idolâtrie, il fléchit le genou devant les veaux d'or. Joachas son fils, après lui Joas, et enfin Jéroboam II, ne se conduisirent pas mieux, et continuèrent à lasser la patience du Seigneur. C'est sous le règne de ce dernier, qu'à la voix du prophète Jonas, les Ninivites donnèrent un exemple de pénitence dont les Israélites ne profitèrent pas (825).

D.

D. Dites-nous l'histoire de la prédication de Jonas?

R. Ninive, capitale de l'empire d'Assyrie, étoit livrée à tous les désordres qui naissent du luxe et de la mollesse. Le prophète Jonas reçut ordre de Dieu d'aller annoncer aux Ninivites, que dans quarante jours leur ville seroit détruite. Au lieu de remplir sa mission, il s'embarqua pour une contrée toute opposée à celle où il devoit se rendre; mais il s'éleva une furieuse tempête, qui obligea les matelots de tirer au sort pour savoir quel étoit le coupable qui leur attiroit ce châtiment. Le sort étant tombé sur Jonas, on le jeta dans la mer. Le Seigneur avoit préparé une baleine qui le reçut dans ses entrailles, et qui, trois jours après, le jeta plein de vie sur le rivage. Jonas, devenu plus soumis aux ordres de Dieu, alla à Ninive. Les habitans de cette grande ville, touchés de sa prédication, se condamnèrent à une rigoureuse pénitence, et Dieu leur pardonna.

D. Comment se comportèrent les derniers Rois d'Israël?

R. Ils ne montèrent, pour la plupart, sur le trône, que par des meurtres, et achevèrent de combler la mesure d'iniquités, qui obligea enfin Dieu de les punir. Tels furent Zacharie, Sellum, Manahem,

Phacéias , Phacée et Ozée. Les peuples imitoient l'impiété de leurs Princes : non contens d'adorer les veaux d'or , ils honoroient les astres, ils servoient Baal , ils se livroient à la magie. Pendant deux cent cinquante ans que dura le royaume d'Israël, Dieu ne cessa de les rappeler à la pénitence ; il leur envoya des Prophètes pour les avertir des maux qui alloient fondre sur eux. Mais les Israélites rejetèrent les avertissemens , et méprisèrent les menaces, jusqu'au moment où le Seigneur résolut de les chasser pour toujours de la Terre promise qu'ils avoient souillée par tant d'abominations.

Seconde partie de la cinquième Epoque , depuis la ruine du royaume d'Israël, l'an 718 avant J. C. , jusqu'à la fin de la captivité de Babylone , l'an 536 avant J. C. Elle renferme 182 ans.

D. QUELLE fut la fin du royaume d'Israël ?

R. Dieu suscita contre les Israélites Salmanasar , roi d'Assyrie, qui vint mettre le siége devant Samarie , et l'emporta d'assaut. Le roi Ozée fut pris et enfermé dans une étroite prison : les dix Tribus furent emmenées de leur pays, et transportées dans diverses contrées de l'empire d'Assyrie, d'où elles ne revinrent jamais. Pour repeupler les environs de Samarie, Salmanasar fit venir du fond de l'Assyrie différentes nations, qui, par le mélange bizarre qu'elles firent de la loi de Moïse avec les superstitions païennes, formèrent un nouveau peuple connu sous le nom de Samaritains.

D. Se trouva-t-il quelques justes parmi les Israélites captifs à Ninive ?

R. L'Ecriture nomme Tobie, qui fut un modèle de toutes les vertus. Dès le moment qu'il put connoître Dieu, il le servit; et jamais sa conduite n'eut rien qui tînt de l'enfance. Il avoit un fils auquel, dès l'âge le plus tendre, il apprit à craindre le Seigneur, et à s'abstenir de tout péché. Jamais la contagion des mauvais exemples ne put le corrompre, et sa vertu ne se démentit pas même dans la captivité.

D. A quelles épreuves le Seigneur mit-il la vertu de Tobie ?

R. Le roi Sennachérib, successeur de Salmanasar, persécutoit les captifs ; plusieurs même étoient mis à mort par ses ordres. Ce fut pour Tobie une occasion de redoubler sa charité. Sennachérib, qui en fut instruit, tourna sa colère contre lui : ce saint homme perdit ses biens, et fut obligé de se cacher pour sauver sa vie (711). A cette première disgrâce, s'en joignit une seconde. Dieu permit que Tobie devînt aveugle. Ses proches eux-mêmes insultèrent à son malheur, et allèrent jusqu'à lui reprocher avec dérision l'inutilité de ses bonnes œuvres. Mais Tobie leur répondit : *Ce n'est point dans cette vie que j'attends ma récompense ; nous sommes les enfans des Saints , et nous espérons une autre vie , que Dieu a promise à ceux qui persévèrent jusqu'à la fin dans son service.*

D. Racontez-nous le voyage du jeune Tobie ?

R. Tobie avoit autrefois prêté une somme d'argent à un Israélite nommé Gabélus, qui demeuroit à Ragès , ville de Médie. Se croyant près de mourir, il y envoya son fils pour retirer cet argent des mains de Gabélus. Le jeune Tobie se mit en route avec l'ange Raphaël, qui , caché sous une forme humaine , s'étoit offert à lui servir de guide. Dès la première journée, l'ange le délivra d'un poisson monstrueux, qui se jetoit sur lui pour le dévorer, pendant qu'il se lavoit les pieds dans le Tigre. Tobie saisit le monstre , qui expira dès qu'il fut à terre, et en réserva le fiel pour s'en servir dans une occasion où Raphaël l'avertit qu'il en auroit besoin. Arrivé à

Ecbatane, capitale de la Médie, Tobie fut reçu avec joie par Raguel, son parent, à qui, par le conseil de l'Ange, il demanda sa fille Sara en mariage. Raguel la lui donna, et avec elle, la moitié de ses biens. Tobie ne pouvant s'éloigner dans cette circonstance, pria son guide d'aller à Ragès, retirer des mains de Gabélus la somme qu'il devoit à son père. Après avoir passé quelques jours auprès de Raguel, il reprit le chemin de Ninive, où ses parens l'attendoient avec impatience. A son arrivée, on rendit grâces à Dieu ; et le jeune Tobie, prenant le fiel du poisson qu'il avoit réservé, en mit sur les yeux de son père, qui, quelques momens après, recouvra la vue. Ensuite il lui raconta tous les services que lui avoit rendus son guide. Tous deux, dans le transport de leur reconnoissance, offrirent à l'Ange la moitié de tous les biens qu'ils possédoient. Alors l'Ange se découvrit à leurs yeux ; et, après les avoir exhortés à persévérer dans la justice, il disparut, les laissant pleins de joie et d'admiration (690).

D. Quels furent les commencemens du règne d'Ezéchias, roi de Juda ?

R. Ezéchias étant monté sur le trône, fit régner la piété dans tout son royaume (724). Il ouvrit le Temple qu'Achaz son père avoit fermé, remit les **Lévites** dans leurs fonctions, brisa les idoles, et rétablit entièrement le culte du vrai Dieu; il fut toujours zélé pour sa Loi, et l'Ecriture sainte dit qu'il n'y eut ni avant ni après lui, aucun Roi de Juda qui lui fût semblable. Aussi, Dieu bénit tous les desseins de ce saint Roi, et récompensa sa piété par l'heureux succès de ses armes et de toutes ses entreprises.

D. Dieu n'éprouva-t-il pas la vertu d'Ezéchias ?

R. Il suscita contre lui Sennachérib, roi d'Assyrie, qui, irrité du refus qu'Ezéchias avoit fait de lui payer tribut, partit de Ninive, dans le dessein d'exterminer Jérusalem avec son Roi et ses habitans. Tout céda aux armes victorieuses de ce Prince. Etant près de Jérusalem, il envoya Rabsacès, avec ordre de sommer Ezéchias, de la part du grand Roi des Assyriens, de se rendre. Cet officier s'acquitta de sa commission avec des termes pleins de mépris pour le Roi de Juda, et d'insultes contre Dieu (711).

Ezéchias, en roi prudent, prit toutes les mesures nécessaires pour mettre la ville en état de faire une vigoureuse défense ; mais en Roi pieux, il n'attendit sa délivrance que du secours divin. Ayant appris les blasphèmes de Rabsacès, il déchira ses vêtemens, et couvert d'un sac, il courut dans le temple se prosterner devant le Seigneur. Le prophète Isaïe lui fit dire de ne point craindre les menaces de Rabsa- cès ; il lui promit que Dieu combattroit pour lui, que Sennachérib n'entreroit point dans la ville, et qu'il s'en retour- neroit honteusement.

D. Les Juifs eurent-ils en Dieu la même confiance qu'Ezéchias ?

R. Non : ils ne suivirent que les règles de la politique humaine ; et, ne comptant point sur les promesses de Dieu, ils cou- rurent aux armes, et envoyèrent deman- der du secours aux Rois d'Egypte et d'Ethiopie. Mais l'évènement fit voir qui de ces politiques ou d'Ezéchias raisonnoit le plus juste ; car Dieu, ne voulant parta- ger avec personne la gloire de la déli- vrance de Jérusalem, permit que Senna- chérib taillât en pièces l'armée du Roi d'Ethiopie, et qu'il subjuguât entièrement l'Egypte.

D. Comment Dieu vengea-t-il son nom blasphémé par Sennachérib ?

R. Ce Prince, en partant pour la con- quête de l'Egypte, avoit écrit à Ezéchias des lettres pleines de blasphèmes. Le saint Roi, pénétré de douleur, alla aussitôt au Temple, et étendant devant le Seigneur ces lettres impies, il le conjura de venger lui-même la gloire de son nom ; *Afin*, dit-il, *que tous les royaumes de la terre sachent que c'est vous seul qui êtes le Dieu véritable, le Dieu du ciel et de la terre.* Le Seigneur avoit entendu la prière d'Ezéchias. La nuit même qui précéda le jour où Jérusalem devoit être attaquée, il envoya l'Ange exterminateur, qui tua 185,000 Assyriens. Sennachérib, à son réveil, se trouva sans armée, et s'enfuit plein de honte à Ninive. La vengeance divine le poursuivit jusqu'aux pieds de ses dieux, où il fut égorgé par ses propres enfans (710).

D. Manassès fils d'Ezéchias imita-t-il les vertus de son père ?

R. Ce Prince ne ressembla en rien à son père : il fit fermer le Temple de Dieu, il rétablit l'idolâtrie (699), et mit le comble à ses impiétés, en faisant mourir cruellement le saint prophète Isaïe qui les lui reprochoit. Pour punir tant d'excès, Dieu se servit d'Assaradon roi d'Assyrie. Les généraux de ce Prince étant entrés en Judée avec une puissante armée, prirent Manassès, lui mirent les fers aux pieds et aux mains, et l'emmenèrent à Babylone, alors capitale de cet empire, où il fut enfermé dans un cachot ténébreux. Réduit à un état si triste, Manassès rentra en lui-même ; il vit avec horreur le nombre et l'énormité de ses crimes. Sa pénitence fut sincère ; elle désarma la colère de Dieu, qui mit fin à sa captivité et le rétablit sur le trône de ses pères.

Manassès répara le scandale de sa vie passée ; il ordonna à tous ses sujets d'adorer le vrai Dieu, et il leur en donna l'exemple jusqu'à sa mort (641). C'est ainsi que Dieu fit, par sa grâce, d'un très-méchant Prince, un modèle de pénitence, pour nous apprendre que nous ne devons jamais désespérer de sa miséricorde, quelque multipliées que soient nos iniquités.

D. Qu'arriva-t-il aux Juifs, après la conversion de Manassès?

R. Nabuchodonosor Ier, roi d'Assyrie, prince ambitieux, entreprit d'assujettir la Judée. Holopherne, général de ses armées, vint avec cent mille hommes mettre le siége devant Béthulie, qui s'opposoit au progrès de ses armes. Il menaçoit de mettre tout à feu et à sang ; et cette ville étoit réduite à la dernière extrémité, lorsque Dieu touché des prières de ses habitans, la délivra par les mains de Judith.

C'étoit une jeune veuve qui relevoit l'éclat de sa beauté par une piété admirable. Voyant sa patrie sur le point de succomber, elle forma la résolution de la sauver. Elle sortit de la place, et se rendit au camp d'Holopherne, sous prétexte de

E 5

se soustraire à la ruine qui menaçoit Béthulie. Le général assyrien la reçut avec
distinction, et donna en son honneur aux
principaux officiers de l'armée un grand
festin, où il but avec excès, suivant sa
coutume. Judith, qui le vit plongé dans
le vin et le sommeil, profita du moment
où on l'avoit laissée seule avec lui, pour
lui couper la tête. Elle l'emporta sur-le-
champ à Béthulie, où l'on rendit à Dieu
de solennelles actions de grâces. Par son
conseil, les habitans tombèrent dès le point
du jour sur les Assyriens, qui, épouvantés
de la mort tragique de leur général, prirent
la fuite, et abandonnèrent aux Juifs leur
camp rempli de richesses (655).

D. Comment régnèrent Amon et Josias?

R. Amon, fils de Manassès, imita la
méchanceté de son père, sans imiter sa
pénitence. Après lui, Josias, excellent
prince, non content d'avoir fait refleurir
la piété dans le royaume de Juda, étendit
encore son zèle sur les restes des dix tribus
d'Israël. Il alla lui-même à Béthel, où Jéroboam avoit érigé l'idole du veau d'or : il
en détruisit l'autel et le réduisit en cendres.
La mort prématurée de Josias ouvrit la
porte à l'impiété et à tous les maux qui en
sont la suite (609).

D. Quels furent les derniers Rois de Juda?

R. Ce furent Joachas, Joakin, Jéchonias
et Sédécias. Ces quatre Rois vécurent dans

une grande licence, commirent toutes sortes d'abominations, sans vouloir écouter les avertissemens que Dieu leur faisoit donner tous les jours par Jérémie. Ce saint Prophète leur annonça enfin la captivité à laquelle ils étoient condamnés pour soixante et dix ans (606). Une menace si positive et si effrayante, ne fit impression ni sur le peuple Juif, ni sur son Roi : ce qui alluma tellement la colère du Seigneur, qu'il résolut de punir sans miséricorde ce peuple comblé de tant de grâces et cependant si infidèle. Il choisit pour ministre de ses vengeances le roi d'Assyrie, Nabuchodonosor II, qui enleva de la Judée et transporta à Babylone une grande partie du peuple juif. C'est de-là que date le commencement de la captivité de Babylone (606).

D. Comment fut détruit le royaume de Juda?

R. Les Juifs, toujours endurcis, sembloient appeler eux-mêmes les maux dont Dieu les menaçoit. Ils se révoltèrent contre Nabuchodonosor : le prince irrité vint mettre le siége devant Jérusalem. La ville fut prise de force, pillée et brûlée avec le Temple (588). Le roi Sédécias vit égorger ses enfans, eut les yeux crevés. On fit un terrible carnage des habitans. Ceux qui échappèrent au massacre, furent emmenés captifs à Babylone ; et on ne laissa dans l'

Judée que les plus pauvres du peuple, pour cultiver la terre. Tous ces malheurs sont décrits de la manière la plus vive et la plus touchante dans les Lamentations du prophète Jérémie.

D. Faites-nous connoître Daniel et ses compagnons ?

R. Parmi les Juifs captifs à Babylone, Nabuchodonosor avoit choisi plusieurs enfans des plus nobles, pour être élevés dans son palais. Entre ces enfans, il y en eut quatre, Daniel, Ananias, Misaël et Azarias, qui demandèrent et obtinrent de ne pas manger des viandes défendues par la Loi de Dieu, mais seulement des légumes et de l'eau. Cette abstinence, loin de nuire à leur santé, les rendit plus beaux et mieux portans que ceux qui se nourrissoient des viandes les plus délicates. Dieu récompensa leur fidélité par un esprit de sagesse dont il les remplit ; de sorte que dans la suite le Roi leur confia les charges les plus importantes de son empire.

D. Racontez-nous l'histoire de Susanne?

R. Susanne étoit une Juive d'une rare beauté, qui avoit été élevée par ses parens dans la crainte de Dieu et dans l'amour de la vertu. Deux infames vieillards, qui, pendant la captivité, rendoient la justice aux Juifs dans la maison de Joachim, mari de Susanne, conçurent pour elle une passion criminelle. Ils la sollicitèrent au péché, et la menacèrent, si elle n'y consentoit, de déposer, en présence de tout le peuple, qu'ils l'avoient surprise en adultère. Susanne ne se rendit point à leurs menaces; elle aima mieux s'exposer à la mort, que de perdre son innocence. *Je ne vois que maux de toutes parts,* leur dit-elle : *si je fais ce que vous désirez, je donne la mort à mon âme ; si je m'y refuse, vous me ferez périr : mais j'aime mieux tomber innocente entre vos mains, que de me rendre coupable devant Dieu qui me voit.*

Les vieillards n'ayant pu séduire Susanne, déposèrent qu'ils l'avoient surprise en adultère dans son jardin. Sur leur déposition, Susanne alloit être lapidée, lorsque Daniel, âgé seulement de douze ans, mais animé de l'esprit de Dieu, convainquit les deux vieillards d'imposture et de calomnie : ils portèrent sur l'heure la peine de leur crime, et subirent la mort qu'ils destinoient à Susanne.

D. Pourquoi Ananias, Mizaël et Azarias furent-ils jetés dans une fournaise?

R. Le roi Nabuchodonosor ayant fait élever une statue d'or de soixante coudées, avoit commandé, sous peine de mort, à tous ses sujets de l'adorer. Ananias, Mizaël et Azarias refusèrent hautement de commettre cette impiété. Le Prince irrité les fit jeter dans une fournaise ardente. Mais Dieu envoya un Ange qui arrêta la violence du feu. Ils trouvèrent une douce rosée au milieu des flammes ; et rendirent grâces à Dieu d'une protection si visible, en invitant toutes les créatures à le bénir avec eux. Le Roi, surpris de ce prodige, les fit tirer de la fournaise, et commanda à tous ses peuples d'adorer le Dieu que ces jeunes gens adoroient.

C'est ainsi que Dieu faisoit de temps en temps éclater sa gloire au milieu des Gentils : et ces merveilles ne permettent pas de douter qu'il n'ait compté des élus parmi les nations les plus infidèles.

D. Comment Daniel désabusa-t-il du culte de Bel le roi Evilmérodack, successeur de Nabuchodonosor?

R. Ce fut en lui découvrant la supercherie des prêtres de cette idole. Comme on ne retrouvoit point le matin les victimes qu'on avoit mises la veille dans le temple, on s'imaginoit que Bel les avoit mangées ; et l'on en concluoit que c'étoit un dieu vivant. Daniel fit répandre de la cendre dans le temple en présence du Roi ; et on découvrit par ce stratagème, les traces des prêtres de Bel, qui y entroient pendant la nuit par des passages souterrains. Le Roi désabusé détruisit l'idole et le temple de Bel, et fit mettre à mort tous ces imposteurs (562).

*Première partie de la sixième Epoque,
depuis la fin de la captivité de Babylone,
l'an 536 avant J. C. jusqu'à l'entrée
d'Alexandre - le - Grand à Jérusalem,
l'an 332 avant J. C. Elle renferme
204 ans.*

D. Comment finit la captivité de
Babylone ?

R. Cyrus, roi des Perses, avoit été nommé par Isaïe, deux cents ans avant sa naissance, comme devant être le libérateur du
peuple de Dieu. La soixante et dixième
année de la captivité, ce Prince prit Babylone sur l'impie Balthasar, dernier roi des
Assyriens. Cet évènement, si important
pour le peuple de Dieu, eut lieu la nuit
même où Balthasar, après avoir profané
les vases sacrés du Temple de Jérusalem,
avoit entendu de la bouche du prophète
Daniel l'arrêt de sa condamnation. Cyrus,
maître de Babylone, publia un édit, par
lequel il permettoit aux Juifs de retourner
dans leur patrie, et de rebâtir le Temple de
Jérusalem. Les Juifs partirent, et arrivèrent
heureusement sous la conduite de Zorobabel, prince de la famille de David.

D. Comment fut bâti le second Temple?

R. A peine arrivés à Jérusalem, les Juifs
jetèrent les fondemens du nouveau Temple.

Les Samaritains, jaloux du retour et de la prospérité des Juifs, s'opposèrent long-temps aux progrès de ce grand ouvrage; mais enfin il fut achevé, et l'on en fit la dédicace avec beaucoup de pompe et de solennité (516). Aux cris de joie que poussoient les jeunes gens, se mêloient les gémissemens des vieillards qui avoient vu le Temple de Salomon : ceux-ci, en comparant la petitesse et la pauvreté du nouveau Temple avec la magnificence de l'ancien, ne pouvoient retenir leurs larmes. Mais les prophètes Aggée et Malachie les consolèrent, en leur annonçant que le MESSIE honoreroit bientôt ce dernier Temple de sa présence.

D. Comment se gouvernèrent les Juifs, depuis leur retour en Judée?

R. Les châtimens sévères que Dieu avoit exercés sur son peuple, et la miséricorde dont il venoit d'user à son égard, opérèrent un grand changement dans sa conduite. Délivrés de la captivité de Babylone et rétablis dans leur patrie, les Juifs renoncèrent pour toujours à l'idolâtrie qui leur avoit attiré une si terrible punition. Ils vécurent en paix, et suivant leurs lois, sous les Rois de Perse, qui les traitèrent avec douceur, et qui en furent plutôt les protecteurs que les maîtres. Le Sanhédrin, conseil public établi par Moïse, avoit toute son autorité, et le peuple étoit heureux.

D. Tous les Juifs revinrent-ils en Judée, à la fin de la captivité ?

R. Non ; il y en eut un grand nombre qui, se trouvant établis en différentes provinces du nouvel empire des Perses, crurent devoir s'y fixer avec leurs familles. De ce nombre fut Daniel. Ce saint Prophète avoit mérité toute la confiance de Cyaxare, que l'Ecriture nomme Darius le Mède, oncle et collégue du roi Cyrus. Mais la bienveillance du Prince attira sur Daniel l'envie des courtisans. Ils firent porter une loi qui défendoit d'adorer le vrai Dieu, sous peine d'être jeté dans la fosse aux lions. Daniel, comme les courtisans l'avoient prévu, ne laissa pas d'ouvrir, selon sa coutume, trois fois le jour, les fenêtres de sa chambre du côté de Jérusalem, et de fléchir les genoux, pour adorer le Seigneur. Il fut accusé de désobéissance, et jeté dans la fosse aux lions. Mais les lions, quoiqu'affamés, ne lui firent aucun mal. La grandeur du prodige frappa le Roi : il fit jeter dans la fosse les accusateurs de Daniel ; et ces malheureux furent dévorés en un instant (535).

D. Les Juifs restés en Perse n'éprouvèrent-ils pas une persécution générale ?

R. L'un des successeurs de Cyrus, Artaxerxès-longue-main, connu dans l'Ecriture sous le nom d'Assuérus, honoroit de sa confiance un Amalécite nommé Aman. Ce favori, fier du haut rang où il se voyoit élevé, entreprit de se faire adorer. Mais Mardochée qui étoit Juif, lui refusa un honneur qu'il ne croyoit dû qu'à Dieu. Aman irrité de ce refus, obtint du Roi, par surprise, un édit qui condamnoit à mort, non-seulement Mardochée, mais encore tous les Juifs répandus dans la Perse.

D. Que fit la reine Esther, pour délivrer les Juifs de la persécution d'Aman ?

R. Dieu, par une providence particulière, avoit élevé sur le trône de Perse Esther, nièce de Mardochée : elle étoit l'épouse d'Assuérus. Son oncle lui persuada de se présenter devant Assuérus, pour lui remontrer l'injustice de l'édit porté contre les Juifs. Quoiqu'il fût défendu, sous peine de mort, de paroître devant le Roi sans y être appelé, Esther résolut de se sacrifier pour son peuple. Elle alla se présenter au Roi ; mais ne pouvant soutenir les regards de ce Monarque irrité, elle tomba en défaillance. Assuérus voyant la Reine en cet état, en fut touché : il courut la relever lui-même, et s'engagea à lui accorder tout ce qu'elle lui demanderoit, quand même ce seroit la moitié de son royaume. Esther le pria seulement de venir dîner le lendemain chez elle avec Aman ; et le Roi le lui promit.

D. Comment Dieu fit-il servir Aman lui-même au triomphe de Mardochée?

R. Le Roi, frappé sans doute de ce qui étoit arrivé à Esther, ne put dormir la nuit suivante. Il se fit lire les annales de son règne ; et comme il remarqua que Mardochée n'avoit reçu aucune récompense pour avoir découvert une conspiration contre sa vie, il résolut de l'en dédommager. Le lendemain, Aman étoit venu de grand matin dans l'antichambre du Roi, pour en obtenir la permission de faire pendre Mardochée. Le Roi lui demanda quelle récompense on pourroit donner à un homme qu'on voudroit singulièrement honorer. Aman, qui se flattoit que cet honneur le regardoit, dit qu'il falloit que cet homme fût revêtu de tous les ornemens royaux, et que le plus grand du royaume le conduisît dans toute la ville de Suse, en tenant les rênes de son cheval, et en criant *que c'étoit ainsi que seroit honoré celui que le Roi voudroit honorer.* Le Roi ordonna de conduire ainsi Mardochée dans toute la ville. Ainsi le superbe Aman servit lui-même au triomphe de l'humble Mardochée.

D. Comment finit la persécution d'Aman?

R. Le Roi alla chez Esther avec Aman. Au milieu du festin, il la pressa de déclarer ce qu'elle désiroit de lui. *Seigneur*, dit Esther en se jetant à ses pieds, *ce que je vous demande, c'est la vie pour moi, pour Mardochée et pour tout mon peuple, que la méchanceté d'Aman a condamnés à périr.* Elle fit voir ensuite au Roi que l'orgueil et la jalousie étoient la cause de sa haine contre les Juifs. Aman confondu n'osa pas même entreprendre de se justifier : il fut attaché à la potence qu'il avoit fait dresser pour Mardochée. L'édit de proscription contre les Juifs fut révoqué ; et leurs alarmes se changèrent en actions de grâces pour le Dieu qui avoit fait tomber leur ennemi dans le piége qu'il leur avoit tendu (460).

D. Quel édit remarquable Artaxerxès-longue-main publia-t-il en faveur des Juifs ?

R. Néhémias, vertueux Israélite, échanson d'Artaxerxès, obtint de ce Prince un édit qui l'autorisoit à reconstruire les murs de Jérusalem (454). C'est de cet édit, si célèbre dans l'histoire de la Religion, que l'on commence à compter les soixante et dix semaines d'années, designées par Daniel comme l'époque précise de l'arrivée du Messie.

Néhémias arrivé à Jérusalem, y trouva le saint prêtre Esdras. Ces deux zélés serviteurs de Dieu inspirèrent au peuple tant d'ardeur, qu'en peu de temps les murs de la ville furent relevés, et qu'on se vit à l'abri des insultes des peuples voisins. Néhémias et Esdras, pour rendre durable la prospérité de leur peuple, s'étudièrent à bannir les vices, à réformer les abus, à mettre par-tout en vigueur l'observation de la Loi de Dieu ; et ils eurent la consolation d'y réussir.

Seconde partie de la sixième Epoque, depuis l'entrée d'Alexandre-le-Grand à Jérusalem, l'an 332 avant J. C. jusqu'à la persécution d'Antiochus, l'an 170 avant J. C. Elle renferme 162 ans.

D. Pourquoi Alexandre-le-Grand alla-t-il à Jérusalem ?

R. Alexandre roi de Macédoine, ayant attaqué l'empire des Perses, somma Jérusalem de se soumettre à sa domination. Les Juifs s'en excusèrent sur la fidélité qu'ils devoient au Roi de Perse leur protecteur. Irrité de cette réponse, Alexandre marcha vers Jérusalem, dans le dessein d'en massacrer tous les habitans. Le grand-prêtre Jaddus ordonna des prières publiques ; puis il alla, revêtu de ses habits sacerdotaux, à la rencontre du redoutable conquérant. A la vue du Grand-Prêtre,

Alexandre plein de respect, s'inclina profondément, et le salua avec une vénération religieuse. Comme ses officiers s'en étonnoient, il leur dit que ce même Grand-Prêtre, revêtu des mêmes habits, lui avoit apparu en songe, lorsqu'il étoit encore en Macédoine, et lui avoit promis que son Dieu le rendroit victorieux des Perses.

Alexandre monta au Temple, et y offrit des sacrifices au vrai Dieu. On lui montra les prophéties de Daniel, qui annonçoient que l'empire des Perses seroit détruit par un Roi des Grecs. Alexandre plein de joie et d'admiration, accorda aux Juifs toutes les grâces qu'ils lui demandèrent; et depuis ce temps, il ne cessa de les protéger.

D. Sous quelle domination passèrent les Juifs, après la mort d'Alexandre-le-Grand?

R. Ils passèrent sous la domination des Rois grecs d'Egypte, qui continuèrent de les protéger. Ptolémée Philadelphe, l'un de ces rois, et le second depuis Alexandre, fit traduire les Livres saints d'hébreu en grec. Cette version ouvrit à beaucoup de nations l'intelligence de la sainte Ecriture. Car la langue grecque, la plus belle, la plus riche, et la plus correcte qui fût dans l'univers, étoit devenue un lien de communication entre les différens peuples du monde : et Dieu préparoit ainsi une voie aisée à la prédication de l'Evangile, qui n'étoit pas éloignée (261).

D. Les Juifs n'eurent-ils rien à souffrir des Rois d'Egypte ?

R. Ptolémée Philopator, l'un des successeurs de Philadelphe, ayant voulu entrer dans le Temple et jusque dans le Saint des Saints, ce qui n'étoit permis qu'au Grand-Prêtre et une seule fois l'année, en fut repoussé par une vertu divine, et renversé sans force et sans mouvement. Il revint à lui ; mais il conçut une haine violente contre les Juifs. De retour en Egypte, il persécuta sans ménagement ceux qui étoient établis dans Alexandrie, sa capitale, au nombre de plus de cent mille. Enfin, dans un mouvement de fureur, il les fit exposer aux éléphans. Mais ces animaux, au lieu de se jeter sur les Juifs, méconnurent tout-à-coup leurs conducteurs, et se jetant sur eux, ils en firent un horrible carnage. A la vue d'une protection du Ciel si marquée, le Prince rentra en lui-même, et fit remettre les Juifs en liberté (220). Mais le repentir tardif du Roi d'Egypte n'empêcha pas que Dieu ne lui enlevât la Palestine, pour la faire passer sous la domination des Rois de Syrie.

D. La Judée fut-elle tranquille sous les Rois de Syrie ?

R. Elle ne le fut pas long-temps. Un Juif ambitieux, ennemi secret du grand-prêtre Onias, qui s'opposoit à ses entreprises

criminelles, crut se venger de lui, en
faisant savoir au roi de Syrie, Séleucus,
qu'il y avoit dans le trésor du Temple des
sommes immenses ; et il l'engagea à s'en
emparer. Sur cet avis, Séleucus envoya à
Jérusalem Héliodore son premier ministre,
avec ordre de saisir cet argent et de le
transporter en Syrie. Malgré les représen-
tations d'Onias, Héliodore entra dans le
Temple. Mais Dieu lui fit sentir combien
il est insensé d'aller braver sa puissance
jusque dans le lieu saint. Le sacrilége fut
arrêté par un homme superbement vêtu,
monté sur un cheval qui le foula aux pieds,
tandis que deux Anges le frappoient à
grands coups de verges. On l'emporta du
Temple, évanoui et à demi-mort; mais le
Grand-Prêtre obtint de Dieu sa guérison.
Héliodore, échappé à ce danger, alla rendre
compte au Roi de ce qui lui étoit arrivé;
et ajouta que, s'il avoit quelque ennemi
dont il voulût se défaire, il n'avoit qu'à
l'envoyer dans ce Temple, parce que la
vertu du Dieu qui y habitoit, perdroit in-
failliblement tous ceux qui voudroient le
profaner (176).

Troisième

Troisième partie de la sixième Epoque, depuis la persécution d'Antiochus, l'an 170 avant J. C. jusqu'à la naissance de J. C. l'an 4004 depuis la création du monde. Elle renferme 170 ans.

D. FAITES - NOUS connoître la persécution d'Antiochus ?

R. Antiochus Epiphane, successeur de Séleucus, livra des attaques cruelles à la Religion, et commit d'horribles excès dans la Judée. Sur de faux soupçons qu'il avoit conçus contre les Juifs, il vint à Jérusalem, et la mit à feu et à sang. Ce Prince, aussi impie que cruel, entra ensuite dans le Temple, et enleva tous les vases sacrés. Fier des premiers succès de son impiété, il ordonna, par un édit, sous peine de mort, que les Juifs renonçassent à leur Religion, pour embrasser la sienne, qui étoit le paganisme. L'idole de Jupiter fut placée dans le Temple; les livres de la Loi de Dieu furent déchirés et jetés au feu. Si quelqu'un étoit surpris à observer le Sabbat, il lui en coûtoit la vie. Malgré ces rigueurs, il y eut un grand nombre de fidèles Israélites, qui aimèrent mieux mourir que de violer la Loi de Dieu.

D. Quels sont les plus illustres martyrs que fit la persécution d'Antiochus ?

F

R. Le saint vieillard Eléazar, et les sept frères Machabées furent les plus illustres victimes de la barbarie de ce Prince. Eléazar aima mieux mourir, que de faire semblant de manger des viandes défendues, dans la crainte de donner, par cette feinte, un pernicieux exemple à ses frères.

Les sept frères Machabées firent paroître une constance admirable dans les tourmens. On leur coupa la langue et les extrémités des pieds et des mains, on leur arracha la peau de la tête, on les fit rôtir dans une chaudière; mais tout fut inutile. Animés par les exhortations de leur vertueuse mère, ils demeurèrent victorieux de la mort; et après avoir adoré la main de Dieu dans ses châtimens, ils allèrent recevoir, dans une meilleure vie, la récompense de leurs travaux.

D. Personne ne prit-il, contre Antiochus, la défense du peuple de Dieu et de sa Loi ?

R. Dieu inspira un zèle généreux à une famille sacerdotale, dont le chef étoit Matathias. Ce saint Prêtre voyoit avec douleur ruisseler le sang de tant de justes dans toute la Judée. Transporté d'indignation à l'aspect des maux de la Religion et de la patrie, il entreprit de les délivrer du joug des infidèles. Non-seulement il perça de sa main un Juif apostat qui sacrifioit aux idoles, mais il tua encore l'officier qui contraignoit de sacrifier. Il se mit ensuite à la tête des Juifs les plus courageux, remporta sur les idolâtres plusieurs avantages, détruisit leurs autels, et laissa en mourant ses enfans, et sur-tout Judas Machabée, héritiers de son zèle et de sa valeur (166).

D. Quels furent les premiers exploits de Judas Machabée?

R. Judas n'avoit avec lui qu'une petite troupe ; mais, plein de confiance en celui pour lequel il combattoit, il ne craignit point d'attaquer de nombreuses armées, et il les tailla en pièces. Trois victoires signalées le rendirent maître de Jérusalem. Son premier soin, dès qu'il se vit délivré des ennemis, fut de purifier le Temple du Seigneur. On trouva les lieux saints désolés, l'autel profané, les portes brûlées, le parvis couvert d'épines et de ronces. A la vue de ces tristes objets, Judas et ses compagnons se couvrirent la tête de cendres, et versèrent un torrent de larmes : puis s'étant mis à l'ouvrage, ils enlevèrent les décombres, réparèrent le Temple, et l'ornèrent, sinon avec magnificence, du moins avec décence ; et ce fut la piété du peuple qui en fit le principal ornement.

D. Quelle fut la fin d'Antiochus?

R. Elle fut très - malheureuse. Ayant

appris que les Juifs avoient défait ses généraux, il marcha vers la Judée, dans la résolution de tout exterminer. Mais Dieu ne pouvant souffrir plus long-temps ce prince orgueilleux, qui croyoit commander même aux flots de la mer, le brisa contre la terre, en le faisant tomber de son char. Tout son corps se changea en pourriture; il fourmilloit de vers, et exhaloit une puanteur insupportable à tous ses domestiques, à toute son armée, et à lui-même.

Dans cette affreuse situation, Antiochus reconnut enfin la main du Seigneur; et il confessa qu'il étoit juste qu'un homme fût soumis à Dieu. Il écrivit aux Juifs une lettre, où il révoquoit tout ce qu'il avoit fait contr'eux. Mais sa pénitence n'étoit pas sincère, elle n'avoit d'autre principe que la violence du mal et la vue d'une mort prochaine : aussi ne fut-elle pas capable d'apaiser le Ciel; et ce malheureux prince mourut déchiré de remords et de désespoir (164).

D. Comment Judas Machabée termina-t-il sa glorieuse vie?

R. Après un grand nombre de victoires remportées sur les ennemis du peuple de Dieu, il fut attaqué une dernière fois par les Syriens, qui vinrent fondre sur lui avec des troupes innombrables. Judas n'avoit que 800 hommes ; ils les encouragea à ne pas reculer, et à sacrifier leur vie pour la gloire de la Religion et pour le salut du peuple. La bataille, malgré la prodigieuse inégalité des forces, dura depuis le matin jusqu'au soir. Judas, à la tête de ses braves compagnons, enfonça l'armée ennemie : mais ayant été enveloppé, il tomba percé d'un coup mortel, et demeura enseveli dans son propre triomphe (161).

D. Quels furent les successeurs de Judas Machabée?

R. Ce fut d'abord Jonathas son frère, qui vengea sa mort en achevant de chasser les Syriens de la Judée. A Jonathas succéda Simon, le dernier des enfans de Matathias (144). Les Juifs en le choisissant pour leur chef, mirent à son pouvoir une restriction bien remarquable. Le décret porte qu'il jouira de l'autorité souveraine, lui et sa postérité, jusqu'à ce que le Prophète fidèle, c'est-à-dire, le Messie, paroisse sur la terre. Simon prit donc en main le gouvernement, en qualité de Grand-Prêtre et de Prince des Juifs : ses descendans lui succédèrent dans cette dignité, jusqu'à la venue de J. C.

D. Quelles sectes vit-on s'élever dans la Judée, sous Jean Hircan, successeur de Simon ?

R. Il s'en éleva plusieurs, dont les deux principales furent celle des Pharisiens et celle des Saducéens. Ceux-ci, moins nombreux, mais les plus riches de la nation, étoient des incrédules et des voluptueux, qui bornoient leur espoir aux biens de la vie présente. Les Pharisiens, plus religieux en apparence, négligeoient l'esprit de la Loi, pour ne s'occuper que de la lettre et des dehors. Pleins de confiance en leur propre justice, ils méprisoient le reste des hommes, et faisoient consister toute la piété dans l'exacte observation des pratiques extérieures. Ces deux sectes, ennemies l'une de l'autre, prévalurent tour-à-tour, et causèrent de grands troubles dans la Judée.

D. Quels furent les successeurs de Jean Hircan ?

R. Jean Hircan qui, à la dignité de Grand-Prêtre avoit ajouté celle de Roi, fut la tige des rois nommés *Asmonéens* (135). Après lui régna Aristobule, qui, trompé par une calomnie, fit mourir son frère Antigone : le regret qu'il eut d'avoir été trop crédule, le conduisit au tombeau. Son fils Alexandre Jannée se rendit méprisable par ses mauvais succès et odieux par ses cruautés (106). Hircan II, l'aîné de ses enfans lui succéda ; mais ce Prince foible et inappliqué fut détrôné par son frère

Aristobule II (67). Rétabli par Pompée, général Romain, il retomba dans son indolence naturelle, et fut une seconde fois chassé par un usurpateur, qui bientôt disparut lui-même.

D. Comment les Juifs perdirent-ils leur indépendance?

R. Hérode, Iduméen de naissance, mais Juif de religion, profita des troubles de la Judée pour s'en emparer; et il fit confirmer son usurpation par Auguste, empereur Romain (40). Ce prince cruel et ambitieux, acheva d'asservir les Juifs, en massacrant tous les membres du Sanhédrin, qui étoit le conseil souverain de la nation.

C'étoit à cette époque précise, où le sceptre de Juda passoit entre les mains d'un étranger, que Jacob avoit marqué la venue du MESSIE : les soixante-dix semaines fixées par Daniel étoient près de finir : le peuple de Dieu attendoit de jour en jour l'arrivée de ce Libérateur, tant de fois promis à leurs pères ; et, comme nous l'apprend un auteur païen de ce temps-là (*), c'étoit une opinion répandue dans tout l'Orient, que bientôt il alloit sortir de la Judée des conquérans qui soumettroient toute la terre à leur empire.

____

(*) Suétone.

D. Quelle idée les Juifs des derniers temps s'étoient-ils formée du Messie?

R. Ils s'en étoient formé l'idée la plus fausse. Supportant avec peine le joug des puissances étrangères auxquelles ils étoient assujettis, ils se figurèrent le Rédempteur futur comme un Prince qui seroit plus guerrier que David et plus riche que Salomon, comme un conquérant redoutable, qui les rendroit victorieux de leurs ennemis par la force des armes, et subjugueroit ceux-ci à leur tour. Telles étoient les pensées des Juifs charnels. Il y avoit seulement quelques Juifs spirituels, qui savoient que les promesses de Dieu avoient un sens plus élevé; qu'on devoit attendre du Christ des biens plus solides que les biens périssables de cette vie; qu'il viendroit principalement pour détruire l'empire du Démon, et pour étendre sur la terre le règne de la justice et de la sainteté; et qu'enfin il ramèneroit à la connoissance du vrai Dieu toutes les nations alors plongées dans les ténèbres de l'idolâtrie.

D. Par quel évènement se termine l'histoire du peuple de Dieu?

R. Par la naissance de Jésus-Christ. Le Seigneur avoit disposé toutes choses pour l'exécution de ce grand évènement. La famille royale de David, destinée, selon les Prophètes, à donner le jour au Messie, étoit tombée depuis la captivité de Babylone dans une profonde obscurité. Issue de cette famille illustre, Marie, la plus pure et la plus sainte des créatures, vivoit à Nazareth ville de Galilée, avec Joseph son époux, sorti comme elle des anciens Rois du peuple de Dieu. Vers la fin du règne d'Hérode, l'Ange Gabriel apparut à cette Vierge sainte, et lui annonça qu'elle deviendroit mère du Fils de Dieu fait homme. La même année, l'empereur Auguste avoit ordonné un dénombrement général de tous ses sujets, qui obligea Marie et Joseph de se rendre à Bethléem, d'où ils étoient originaires, en qualité de descendans de David. Ce fut dans cette ville que naquit J. C., vrai Dieu et vrai homme, la nuit du 25.e de décembre, l'an 4004 depuis la création du monde.

Fin de l'Histoire de l'ancien Testament.

ABRÉGÉ
DE L'HISTOIRE
DU
NOUVEAU TESTAMENT,
OU
VIE DE N. S. JÉSUS-CHRIST.

DEMANDE. QUELS sont les livres qui contiennent l'histoire du Nouveau Testament?

RÉPONSE. Ce sont les quatre Evangiles, de saint Matthieu, de saint Marc, de saint Luc et de saint Jean ; les Actes des Apôtres, les Epîtres de saint Paul, celles de plusieurs autres Apôtres, et l'Apocalypse de saint Jean. Les Evangiles renferment la vie de Jésus-Christ, sa doctrine, ses miracles, sa mort, sa résurrection et son ascension. Les Actes des Apôtres sont une continuation de l'Histoire évangélique, et de l'établissement de l'Eglise ; les Epîtres contiennent des maximes et des instructions que les Apôtres donnoient aux premiers Fidèles ; et l'Apocalypse est une révélation faite à S. Jean dans l'île de Pathmos.

D. En quel état étoit le monde à la venue du Messie ?

R. L'idolâtrie régnoit dans tout l'univers, et le vrai Dieu n'étoit adoré que par les Juifs ; encore étoient-ils divisés en plusieurs sectes, tels que les Saducéens (1), les Pharisiens (2), et les Hérodiens (3).

D. Quels prodiges précédèrent la naissance du Messie ?

R. L'Ange Gabriel qui, cinq cents ans auparavant, avoit prédit à Daniel la venue du Messie, fut choisi de Dieu pour annoncer au monde cette grande nouvelle. Il dit à Zacharie, que sa femme Elisabeth, qui jusqu'alors avoit été stérile, auroit un fils qu'on appelleroit Jean, et qui seroit le précurseur du Messie. Il apparut ensuite à Marie, épouse de Joseph, et lui déclara qu'elle seroit la mère de ce Messie, sans cesser d'être Vierge.

D. Quelle différence y a - t - il entre la

---

(1) Les Saducéens nioient l'immortalité de l'ame, la résurrection des corps, et par conséquent, les peines ou les récompenses de la vie éternelle.

(2) Les Pharisiens menoient une vie très-corrompue, sous l'apparence d'une vie très-réglée.

(3) Les Hérodiens croyoient qu'Hérode étoit le Messie.

manière dont l'Ange Gabriel parla à Zacharie et à la sainte Vierge ?

R. La différence est si grande et si bien marquée dans l'Evangile, qu'il semble que l'Evangéliste ait voulu nous montrer par les respects que l'Ange Gabriel rend à Marie, ceux que nous devons lui rendre nous-mêmes. En effet, si l'Ange parle à Zacharie, il l'intimide par l'appareil terrible avec lequel il se fait voir à lui ; s'il lui annonce une heureuse nouvelle, il lui reproche son incrédulité, et le prive de l'usage de la parole. Au lieu que lorsqu'il apparoît à Marie, ses discours sont pleins de respect et de soumission. *Je vous salue*, dit-il, *pleine de grâce : le Seigneur est avec vous ; vous êtes bénie entre toutes les femmes.*

D. Marie ne fut - elle point troublée par le discours que lui adressa l'Ange Gabriel ?

R. Oui ; mais l'Ange la rassura bientôt, en lui disant qu'elle avoit trouvé grâce devant le Seigneur, qui l'avoit choisie pour être la mère du Sauveur du monde. Il ajouta que le Saint-Esprit surviendroit en elle, pour former lui-même dans son chaste sein le corps du Fils de Dieu ; et il ne la quitta qu'après qu'elle l'eut assuré de son obéissance, en lui disant : *Je suis la servante du Seigneur ; qu'il me soit fait selon votre parole.* Au même instant, s'opéra le

mystère

mystère de l'Incarnation, et le Fils de Dieu se fit homme dans les chastes entrailles de la sainte Vierge.

D. Que fit la sainte Vierge après avoir conçu le Messie ?

R. Elle s'humilia devant Dieu, et le remercia de lui avoir fait une si grande grâce. Elle alla ensuite visiter sa cousine Élisabeth, pour la féliciter de ce que Dieu l'avoit délivrée de l'opprobre d'une longue stérilité. Jean-Baptiste tressaillit alors de joie, et fut sanctifié dans les entrailles de sa mère, à la présence du Fils de Dieu que Marie portoit dans son sein. Elisabeth connoissant les grandes choses que Dieu avoit faites en faveur de sa cousine, la combla de louanges. Marie reçut ces louanges avec humilité, et en renvoya toute la gloire à Dieu par l'admirable cantique : *Magnificat anima mea Dominum ; Mon ame glorifie le Seigneur.*

D. Où la sainte Vierge mit-elle au monde son fils Jésus-Christ ?

R. A Bethléem, petite ville de la tribu de Juda. Dieu se servit du dénombrement que l'empereur Auguste avoit ordonné dans tout l'empire romain, pour faire sortir la sainte Vierge de Nazareth, et la faire venir à Bethléem, où les Prophètes avoient prédit que le Messie devoit naître ; car saint Joseph étant de cette ville, fut obligé d'y venir pour se faire, inscrire sur les registres publics, avec Marie son épouse. Personne ne voulut leur donner l'hospitalité ; et Jésus-Christ, en venant au monde, ne trouva pour lit qu'une crèche, et pour palais qu'une étable.

D. Dieu ne fit-il point connoître la naissance de son Fils?

R. Oui, un Ange l'annonça à des pasteurs qui veilloient à la garde de leurs troupeaux. Ils furent environnés d'une lumière divine, et entendirent une troupe d'Esprits bienheureux qui louoient le Seineur, en disant : *Gloire à Dieu au plus haut des cieux, et paix sur la terre aux hommes de bonne volonté.* Ces bergers allèrent aussitôt à Bethléem, et ils trouvèrent l'Enfant enveloppé de langes, et couché dans la crèche, ainsi que l'Ange le leur avoit dit.

D. Qu'arriva-t-il à Jésus-Christ dans l'étable de Bethléem ?

R. Huit jours après sa naissance, il fut circoncis et reçut le nom de Jésus. Quelque temps après, des Mages, avertis par une étoile miraculeuse, vinrent de l'Orient à Jérusalem, pour s'informer où étoit né le Roi des Juifs. Cette nouvelle inquiéta Hérode : il résolut de se défaire du nouveau Roi, et fit promettre aux Mages de repasser par Jérusalem quand ils l'auroient trouvé, sous prétexte qu'il vouloit aller l'adorer lui-même. Les Mages ayant appris des princes des prêtres que c'étoit à Bethléem qu'il devoit naître, s'y rendirent avec empressement ; ils l'adorèrent ; et par l'or, l'encens et la myrrhe qu'ils offrirent au nouveau-né, ils le reconnurent pour Roi, Dieu et homme tout ensemble.

D. Les Mages, après avoir adoré le Sauveur, retournèrent-ils vers Hérode ?

R. Non : ayant reçu ordre de Dieu de ne pas repasser par Jérusalem, ils retournèrent en leur pays par un autre chemin. Hérode, transporté de colère, fit massacrer tous les enfans de Bethléem et des environs, depuis l'âge de deux ans et au-dessous, pour ne pas manquer celui qui causoit ses alarmes : mais Dieu préserva son Fils de ce massacre, en avertissant Joseph de le transporter avec sa mère en Egypte, et d'y rester jusqu'à la mort d'Hérode.

D. Où demeura Jésus-Christ depuis son retour d'Egypte, et quelles vertus fit-il paroître dans son enfance ?

R. Il demeura à Nazareth. L'Evangile dit : *Qu'il étoit soumis à Marie et à Joseph, et qu'à mesure qu'il croissoit en âge, il croissoit en sagesse et en grâce devant Dieu et devant les hommes.* A l'âge de douze ans, étant allé à Jérusalem, sa mère le perdit, et ne le trouva qu'au bout de trois jours, dans le Temple, écoutant les docteurs et les interrogeant. Depuis ce temps, jusqu'à l'âge de trente ans qu'il commença sa prédication, l'Ecriture marque seulement qu'il demeura avec sa famille, passant pour le fils d'un charpentier, et vivant du travail de ses mains, dans la pénitence et l'obscurité.

D. Comment Jésus-Christ se prépara-t-il à sa prédication ?

R. Quoiqu'étant la pureté même, il n'eût pas besoin d'être purifié par les eaux du baptême, il voulut cependant le recevoir des mains de Jean-Baptiste. Ce saint Précurseur, après avoir mené dans le désert une vie angélique, prêchoit la pénitence sur les bords du Jourdain, et baptisoit tous ceux qui venoient à lui, pour les préparer à la venue du Messie. Jésus-Christ se présenta dans la foule pour être baptisé ; mais Jean-Baptiste le reconnut. Dieu même prit soin de le manifester ; car il fit descendre sur lui le Saint-Esprit sous la forme d'une colombe, et on entendit une voix du Ciel qui disoit : *Celui-ci est mon fils bien-aimé, en qui j'ai mis toutes mes complaisances.* Jésus-Christ, après avoir reçu le baptême de Jean, se retira dans le désert, où il jeûna quarante jours.

D. Qu'ariva-t-il à Jésus-Christ dans le désert ?

R. Il y fut tenté par le démon ; mais il repoussa ses attaques par des paroles de l'Écriture, sans doute pour nous apprendre que c'est principalement avec les armes qu'elle nous prête, que nous devons combattre les efforts de l'esprit malin. Il commença ensuite à prêcher, et il se fit un grand nombre de disciples en confirmant la vérité de sa doctrine par ses miracles.

D. Quel est le premier miracle de Jésus-Christ ?

R. C'est le changement qu'il fit de l'eau en vin aux noces de Cana. La sainte Vierge l'ayant averti que le vin manquoit, il fit remplir aussitôt six grands vases d'eau, et changea cette eau en un vin délicieux. Jésus-Christ, en faisant son premier miracle à la prière de sa Mère, a voulu nous faire voir qu'elle seroit le canal de ses grâces ; que le plus sûr moyen d'en obtenir de lui, étoit d'avoir recours à cette puissante médiatrice.

D. Parmi le grand nombre de ses disciples, Jésus-Christ n'en choisit-il pas quelques-uns pour se les attacher plus particulièrement ?

R. Oui ; il en choisit douze, auxquels il donna le nom d'Apôtres, qui signifie *envoyés*, parce qu'après sa mort, il devoit les envoyer prêcher son Nom et son Evangile dans tout l'univers (1). Aprés ce choix, il les mena sur une montagne, où il leur fit ce célèbre discours, qui contient en abrégé tout l'Evangile. Je n'en rapporterai que les huit béatitudes.

Heureux les pauvres d'esprit , parce que le royaume des Cieux est à eux.

Heureux ceux qui sont doux , parce qu'ils posséderont la terre.

Heureux ceux qui pleurent , parce qu'ils seront consolés.

Heureux ceux qui ont faim et soif de la justice , parce qu'ils seront rassasiés.

Heureux ceux qui sont miséricordieux , parce qu'ils obtiendront miséricorde.

Heureux ceux qui ont le cœur pur , parce qu'ils verront Dieu.

Heureux ceux qui sont pacifiques , parce qu'ils seront appelés enfans de Dieu.

Heureux ceux qui souffrent persécution pour la justice , parce que le royaume des Cieux est à eux.

D. Où Jésus-Christ prêchoit-il son Evangile ?

R. Dans tous les endroits où il se trouvoit, dans les villes, dans les campagnes, dans le temple , et dans les synagogues :

---

(1) Les douze Apôtres furent Simon, Pierre, chef du collége apostolique, et André son frère ; Jacques fils de Zébédée, et Jean son frère ; Philippe et Barthelemi ; Simon et Jude ; Jacques fils d'Alphée et Juda Iscariote : celui-ci ayant trahi Jésus-Christ , et s'étant ensuite donné la mort de désespoir. Matthias fut mis en sa place.

par-tout il annonçoit la venue du Messie tant souhaité par les Patriarches, et tant annoncé par les Prophètes : par-tout il prêchoit la pénitence, le pardon des injures, le mépris des richesses, le renoncement à soi-même; et son unique occupation étoit d'instruire et de convertir les Juifs par ses discours, et par des paraboles, dont les plus célèbres sont celles de l'*Enfant prodigue*, et du *mauvais Riche*.

D. Dites-nous la parabole de l'Enfant prodigue ?

R. Un père de famille, dit Jésus-Christ, ayant deux enfans, le plus jeune d'entre eux lui demanda la part qui pouvoit lui revenir de son héritage : l'ayant obtenue, il s'en alla dans un pays éloigné, et consuma son bien en débauches. Une grande famine étant survenue dans ce pays, il fut réduit à garder les pourceaux, et il ne lui étoit pas même permis de se rassasier du gland qu'on leur donnoit. Cette affreuse misère le fit rentrer en lui-même, et il dit: *Combien de serviteurs dans la maison de mon père ont du pain en abondance, tandis que je meurs de faim !* Dans cette pensée, il s'en retourna chez son père, et s'étant jeté à ses genoux : *Mon père*, lui dit-il, *j'ai péché contre vous; je ne suis plus digne d'être appelé votre fils.*

D. Que fit le père de l'Enfant prodigue, en apercevant son fils ?

R. Ce bon père courut au-devant de lui, se jeta à son cou, le baisa, et fit tuer le veau gras pour célébrer son retour. Le frère de l'Enfant prodigue s'étant plaint de la réception honorable qu'on lui faisoit, *Mon fils*, lui dit son père, *n'est-il pas juste de nous réjouir? Votre frère étoit mort, et il est ressuscité; il étoit perdu, et il est retrouvé.*

D. Dites-nous la parabole du mauvais Riche?

R. Il y avoit, dit Jésus-Christ, un homme riche qui étoit vêtu de pourpre et de lin, et qui faisoit tous les jours de magnifiques repas. Il y avoit aussi un pauvre nommé Lazare, couché à sa porte, tout couvert d'ulcères, qui eût bien voulu se rassasier des miettes qui tomboient de la table du riche; mais personne ne lui en donnoit; et les chiens, plus humains que leur maître, venoient lécher ses ulcères. Le pauvre vint à mourir, et il fut porté par les Anges dans le sein d'Abraham. Le riche mourut aussi, et il fut enseveli dans les enfers. Lorsqu'il étoit dans les tourmens, il leva les yeux, et voyant de loin Abraham, et Lazare dans son sein, il s'écria : *Abraham, mon père, ayez pitié de moi, et envoyez Lazare, afin qu'il trempe dans l'eau le bout de son doigt pour me rafraîchir; car je souffre cruellement dans cette flamme. Mon fils*, lui répondit Abraham, *souvenez-vous que sur la terre vous vous êtes plongé dans les délices, tandis que Lazare souffroit; maintenant, c'est à Lazare à se réjouir, tandis que vous êtes dans les tourmens.*

D. Que nous apprend la parabole du mauvais Riche ?

R. Elle apprend aux pauvres à ne point porter envie aux riches, et à supporter patiemment leur pauvreré, puisqu'elle est un sûr moyen de gagner le Ciel ; et elle enseigne aux riches l'usage qu'ils doivent faire de leurs richesses, s'ils veulent éviter le sort du mauvais Riche, et avoir part à la félicité de Lazare.

D. Quels sont les principaux miracles de Jésus-Christ ?

R. Ce sont : la guérison du serviteur du Centenier, la guérison de l'aveugle-né ; la multiplication des pains dans le désert ; la résurrection de la fille de Jaïre, du fils de la veuve de Naïm, de Lazare, etc.

D. Quel effet produisirent les miracles de Jésus-Christ ?

R. Ils le rendirent célèbre dans toute la Judée et dans les contrées voisines : mais la jalousie que les docteurs de la Loi en conçurent, leur fit chercher les occasions de le perdre. Plusieurs fois, ils lui tendirent des piéges pour le surprendre dans ses discours ; mais Jésus-Christ, en les évitant, sut encore en tirer des instructions utiles. Ainsi, les Pharisiens lui ayant un jour présenté une femme pécheresse, alléguèrent la loi de Moïse qui la condamnoit à être lapidée, et lui demandèrent ce qu'il croyoit qu'il y eût à faire en cette circonstance. Leur dessein étoit de le faire passer, ou pour un ennemi de la loi s'il penchoit à renvoyer la coupable, ou pour un homme cruel et sanguinaire s'il concluoit à la punir. Jésus-Christ, qui connoissoit la perversité de leur cœur, ne fit ni l'un ni l'autre; il leur dit : *Que celui d'entre vous qui est sans péché, lui jette la première pierre.* Ce peu de mots suffit pour les confondre ; ils se retirèrent tous les uns après les autres; et J. C. fit plus que de punir la femme pécheresse, il la convertit.

D. Que fit Jésus-Christ, voyant que la haine des Juifs augmentoit contre lui ?

R. Il sortit pour quelque temps de Jérusalem; mais lorsqu'il vit que l'heure de sa mort approchoit, il y revint. Au bruit de son arrivée, tout le peuple sortit au-devant de lui; et pour témoigner la joie qu'on avoit de sa venue, les uns portoient des branches de palmier, les autres étendoient leurs vêtemens sur le chemin où il devoit passer; et tous crioient : *Salut au fils de David ! Béni soit celui qui vient au nom du Seigneur !*

Ayant trouvé le Temple rempli de gens qui vendoient et qui achetoient, il les en chassa, en disant : *Ma maison est une maison de prières, et vous en faites une caverne de voleurs.*

D. Les ennemis de Jésus-Christ ne virent-ils pas d'un œil jaloux son entrée triomphante dans Jérusalem ?

R. Leur jalousie alla si loin, qu'ils prirent la résolution de le faire mourir. Dans le temps qu'ils cherchoient ensemble les moyens de se saisir de sa personne, Judas, l'un des douze Apôtres, poussé d'une détestable avarice, vint les trouver, et leur promit de leur livrer son maître pour trente pièces d'argent.

D. Comment Jésus-Christ fit-il la Cène avec ses disciples ?

R. Après avoir mangé avec eux l'Agneau pascal, suivant qu'il étoit ordonné par la Loi, il leur lava les pieds, et termina cet acte d'humilité en leur disant : *Je vous ai donné l'exemple, afin que vous fassiez tous les uns aux autres ce que je vous ai fait moi-même.* Ensuite il institua l'adorable sacrement de l'Eucharistie, en changeant le pain en son Corps et le vin en son Sang, qu'il distribua à ses Apôtres. Juda lui-même eut part à cette grâce : mais comme il la reçut indignement, le démon entra dans son corps, et ce disciple perfide sortit aussitôt, pour aller livrer son Maître aux Juifs.

D. Que fit Jésus-Christ après la Cène?

R. Il recommanda à ses Apôtres de s'aimer les uns les autres, comme il les avoit aimés lui-même; il leur dit ensuite que son heure étoit venue, leur prédit toutes les circonstances de sa Passion, et que la nuit ne se passeroit pas qu'il ne l'eussent tous abandonné. Saint Pierre protesta qu'il ne l'abandonneroit jamais; mais Jésus-Christ l'assura qu'il le renonceroit avant que le coq chantât. Après leur avoir dit plusieurs vérités consolantes, il alla avec eux au Jardin des Olives.

D. Que se passa-t-il au Jardin des Olives?

R. Jésus-Christ s'y abandonna à une tristesse mortelle; et sentant que l'heure de sa passion approchoit, il pria trois fois son Père de ne lui point faire boire ce calice. *Que néanmoins votre volonté se fasse,* ajouta-t-il, *et non pas la mienne.* L'excès de la douleur le réduisit à une espèce d'agonie; une sueur de sang coula de tout son corps, et un Ange lui apparut pour le consoler. Après trois heures de prières, il retourna vers ses disciples, mais il les trouva endormis. *Quoi!* leur dit-il, *vous n'avez pu veiller une heure avec moi ? Veillez et priez, car la chair est plus foible que l'esprit n'est fort.* Mon heure est venue, ajouta-t-il ; *levez vous, car celui qui doit me trahir n'est pas loin de nous.* Comme il cessoit de parler, Judas parut avec une troupe de gens armés ; et s'approchant de J. C. il le baisa, suivant le signal qu'il avoit donné aux Juifs. *Mon ami,* lui dit Jésus, *à quel dessein venez-vous ici ? Quoi ! vous trahissez le fils de l'ho me par un baiser ?* Ce fut tout le reproche qu'il fit à cet Apôtre perfide.

D. Comment Jésus-Christ signala-t-il sa puissance, avant de se mettre entre les mains des ses ennemis ?

R. Il s'avança vers les gens armés qui suivoient Judas, et leur demanda ce qu'ils cherchoient. *Jésus de Nazareth,* répondirent-ils. Mais à peine Jésus leur eut-il dit d'une voix forte, *c'est moi,* qu'ils tombèrent tous à la renverse. Quand ils furent revenus de leur effroi, Jésus-Christ leur répéta qu'il étoit celui qu'ils cherchoient ; et ils se saisirent de lui. Saint Pierre voulut le défendre, et d'un coup d'épée il coupa l'oreille à Malchus, serviteur du Grand-Prêtre ; mais J. C. lui dit de remettre l'épée dans son fourreau ; et, après avoir guéri l'oreille de Malchus, il se laissa lier. Ses disciples prirent alors la fuite, et on le conduisit chez le Grand-Prêtre Caïphe.

D. Sur quoi Caïphe interrogea-t-il Jésus-Christ ?

R. Il l'interrogea sur ses disciples et sur sa doctrine. Jésus-Christ répondit qu'il n'avoit rien dit en secret, et qu'on pouvoit connoître sa doctrine par ceux qui l'avoient entendu. Un des assistans lui donna un soufflet, en lui disant : *Est-ce ainsi que tu réponds au Grand-Prêtre ?* Jésus-Christ reçut cet outrage avec une patience divine. Quelle leçon pour ces hommes cruels, qui ne sauroient recevoir la moindre injure, sans vouloir tremper leurs mains dans le sang de celui qui les a offensés !

D. Que fit Caïphe, voyant que les accusations qu'on formoit contre Jésus-Christ, ne suffisoient pas pour le faire mourir ?

R. Il lui demanda, au nom du Dieu vivant, s'il étoit le Christ. *Vous l'avez dit,* lui répondit Jésus. A ces mots, Caïphe déchirant ses vêtemens, s'écria : *Il a blasphémé ; quel besoin avons-nous d'autres témoins ? Que vous en semble ?* Tous les princes des prêtres répondirent qu'il méritoit la mort. Aussitôt les soldats commencèrent à l'outrager. Pendant qu'ils le frappoient et qu'ils lui crachoient au visage, Pierre, le chef de ses Apôtres, le renia trois fois. Judas ayant appris l'arrêt de mort porté contre son maître, alla jeter dans le Temple l'argent qu'il avoit reçu, et se pendit de désespoir.

D. Que firent les juifs après avoir condamné Jésus-Christ à mort ?

R. Ils le menèrent à Pilate pour faire confirmer leur sentence, parce qu'ils n'avoient plus le droit de faire mourir personne. Pilate ne trouvant en Jésus-Christ aucun crime qui méritât la mort, voulut le renvoyer absous; mais quoique persuadé de son innocence, il le fit battre de verges, soit pour accorder quelque chose à la haine des Juifs, soit pour les toucher de compassion lorsqu'ils le verroient couvert de plaies et tout défiguré : cette vue ne fit qu'augmenter leur rage. En vain Pilate leur proposa de le délivrer à l'occasion de la fête de Pâques, où on avoit coutume de mettre en liberté un prisonnier. ils demandèrent Barrabbas, qui étoit un insigne voleur, et dirent à Pilate qu'il ne seroit pas ami de César s'il délivroit Jésus-Christ, parce qu'il s'étoit dit Roi. Pilate alors, consultant plus son ambition que sa conscience, livra Jésus-Christ aux Juifs pour le crucifier; et il se contenta, en se lavant les mains, de dire qu'il étoit innocent du sang de ce juste.

D. Que fit-on de Jésus-Christ, après que Pilate l'eut condamné à être crucifié?

R. On lui fit porter la Croix où il devoit être attaché. Arrivé sur le Calvaire, il y fut crucifié entre deux voleurs. Pendant qu'on le clouoit à la croix, il pria son Père de pardonner à ses bourreaux, parce qu'ils ne savoient ce qu'ils faisoient. Il recommanda ensuite sa Mère à saint Jean son disciple bien-aimé; et, après avoir accompli toutes les prophéties, il s'écria : *Mon Père, je remets mon esprit entre vos mains;* et baissant la tête, il expira.

D. Quelles considérations doit-on faire sur la Passion de Jésus-Christ ?

R. On doit remarquer parmi les vertus que Jésus-Christ fait paroître pendant sa Passion, la constance avec laquelle il souffre sans murmurer et sans se plaindre, et la bonté avec laquelle il pardonne à ses bourreaux. La prière qu'il adresse à son Père pour obtenir leur pardon, apprend à tous les Chrétiens, qu'ils ne doivent se venger de leurs ennemis qu'en leur faisant du bien; et la patience admirable qu'il fait voir dans ses souffrances, leur enseigne de quelle manière ils doivent supporter leurs croix et leurs afflictions.

D. Quels prodiges arrivèrent à la mort de Jésus-Christ ?

R. Le voile du Temple se déchira en deux ; la terre trembla, et elle fut couverte de ténèbres pendant trois heures; les pierres et les rochers se fendirent ; les tombeaux s'ouvrirent, et plusieurs Saints qui étoient morts ressuscitèrent. Tous ces prodiges obligèrent les soldats à confesser que Jésus-Christ étoit véritablement le Fils de Dieu. Joseph d'Arimathie, ayant obtenu son corps, l'embauma, et le mit dans un sépulcre neuf, dont il ferma l'entrée avec une pierre. Les Juifs, se ressouvenant que Jésus-Christ avoit dit plusieurs fois qu'il ressusciteroit, mirent des gardes au sépulcre, et scellèrent la pierre qui en fermoit l'entrée.

D. Combien de jours Jésus-Christ fut-il dans le tombeau ?

R. Trois jours, après lesquels il ressuscita par sa propre puissance. Dans ce moment, la terre trembla; un Ange descendit du Ciel, ôta la pierre qui fermoit le tombeau, et s'assit dessus, tout brillant de lumière. A sa vue, les gardes furent saisis d'une si grande frayeur, qu'ils prirent la fuite. Ils allèrent raconter aux princes des prêtres ce qui étoit arrivé, et reçurent d'eux une grosse somme d'argent, pour dire que pendant qu'ils dormoient, les disciples de Jésus-Christ avoient enlevé son corps. Saint Augustin dit que les Juifs dormoient eux-mêmes lorsqu'ils employèrent une ruse si mal imaginée, puisque si les gardes étoient endormis, ils n'avoient pas pu voir si c'étoient les disciples de Jésus-Christ qui avoient enlevé son Corps.

D. La ruse des Juifs pour cacher la résurrection de Jésus-Christ leur réussit-elle ?

R. Elle leur fut inutile. Jésus-Christ se fit voir, après sa résurrection, à un grand nombre de personnes. Il apparut à saint Pierre, à sainte Magdeleine, aux disciples d'Emmaüs, à saint Thomas, qui, pour s'assurer de la vérité de sa résurrection, mit ses doigts dans les sacrées plaies du Sauveur. Il apparut encore à tous les Apôtres ; et après avoir conversé avec eux pendant quarante jours, il monta au Ciel en présence de plus de cinq cents personnes. Dix jours après, il envoya, comme il l'avoit promis à ses Apôtres, le Saint-Esprit qui descendit sur eux en forme de langues de feu, et leur donna la force d'aller prêcher l'Evangile dans tout l'uni-vers, au mépris des plus cruels supplices

TABLE
CHRONOLOGIQUE

Des principaux Personnages, etc. dont il est fait mention dans l'Histoire Sainte.

PREMIÈRE EPOQUE.

Création du monde, l'an 4004 avant Jésus-Ch.
Abel mort en . . . . . 3876, âgé de 128 ans.
Adam, en . . . . . . 3074, . . 930
Hénoch, enlevé en . . 3017, . . 300
Seth, mort en . . . . 3962, . . 902
Enos, en . . . . . . 2864, . . 905
Mathusalem, en . . . 2348, . . 909

Seconde Epoque.

Déluge universel, en . 2348.
Tour de Babel, en . . 2247.
Noé, mort en. . . . 1998, âgé de 950 ans.
Abraham, né en . . . 1996.

Troisième Epoque.

Vocation d'Abraham . . . . . . l'an 1921.
Destruction de Sodome, ... 1897.
Naissance d'Isaac, , ... 1896.
Naissance de Jacob, ... 1836.
Joseph vendu par ses frères, ... 1729.
Jacob en Egypte, ... 1706.
Naissance de Moïse, ... 1571.

Quatrième Epoque.

Loi de Moïse, ... 1491.
Passage du Jourdain par Josué , . . . 1451.
Gédéon, juge en . . . . 1245.
Jephté , juge en . . . . 1187.
Samson, mort en . . . . 1117.
Héli, mort en . . . . 1116.
Samuel , juge en . . . . 1116.

Rois.

Saül, règne en . . . . 1095.
David , en . . . . 1054.
Salomon , en . . . . 1015.

Première partie de la cinquième époque.

Dédicace du Temple de Salomon, . . 1005.

Rois de Juda.		Rois d'Israël.	
Roboam, règne en	980.	Jéroboam, règne en	980.
Abia ,	963.		
Aza ,	960.	Nabab,	959.
		Baasa ,	358.
		Ela ,	935.
		Zamri,	935.
		Amri ,	934.
Josaphat.	319.	Achab,	923.
		Ochosias ,	901.
Joram,	896.	Joram ,	900.
Ochozias ,	890.		
Athalie,	889.	Jehu ,	889.
Joas,	883.	Joachaz ,	861.
Amazias ,	845.	Joas,	848.
Interrègne,	816.	Jéroboam II,	831.
Ozias ,	806.	Zacharie,	769.
		Sellum ,	768.
		Manahem,	768.
		Phacéia,	757.

Joathan,	754.	Phacée,	755.
Achaz,	739.	Osée,	727.
Ezéchias,	724.		

Seconde partie de la cinquième Epoque.

Ruine du royaume d'Israël, ... 718.

Suite des Rois de Juda.

Manassès, règne en . . . . 699.
Amon, ... 641.
Josias, ... 640.
Joachaz . . . . 609.
Joachim, ... 606.
Captivité de Babylone, ... 606.
Jéchonias, règne en . . . . 599.
Sédécias, ... 598.
Fin du royaume de Juda, ... 588.

Première partie de la sixième Epoque.

Fin de la captivité de Babylone, . . . 536.
Dédicace du second temple achevé, . . 516.
Commencement des 70 semaines, . . . 454.
Rétablissement des murs de Jérusalem, . 442.

Seconde partie de la sixième Epoque.

Entrée d'Alexandre à Jérusalem, . . . 332.
Version des Septante, ... 261.
Persécution à Alexandrie, ... 220.
Attentat d'Héliodore, , ... 176.

Troisième partie de la sixième Epoque.

Persécution d'Antiochus, ... 170.
Mathathias prend les armes, . . . , . 168.
Judas Machabée, chef des Juifs, en . 166.
Jonathas, en . . . . 161.
Simon, en . . . . 144.

Rois Asmonéens.

Jean-Hircan, règne en 135
Aristobule I, en . . . . 107.
Alexandre-Jannée, : . . . . 106.
Alexandra, ... 79.
Hircan II, ... 70
Aristobule II usurpe en . . . . 67.
Hircan II rétabli en . . . . 63.
Hérode, ... 40.
Naissance de Jésus-Christ, l'an du monde, 4004.
  quatre ans avant l'ère vulgaire.

Prophètes, etc.

Job, vivoit en	1620.	Daniel,	. . . .	536.
Aaron,	1490.	Zorobabel,	. .	536.
Elie,	918.	Aggée,	. . .	519.
Elisée,	885.	Esther,	. . .	460.
Joiada,	883.	Esdras,	. . .	454.
Jonas,	825.	Néhémias,	. .	442.
Isaïe,	715.	Malachie,	. . .	440.
Tobie,	690.	Jaddus,	. . .	332.
Judith	655.	Onias,	. . . .	200.
Jérémie,	629.	Eleazar,	. . .	168.

TABLE
DE L'HISTOIRE SAINTE.

TABLE

Alphabétique des lieux marqués dans la Carte.

Afrique.	Europe.	Nephtali.
Alexandrie.	Gabaon.	Nil.
Amalécites.	Gad.	Palestine
Ararat.	Gessen.	Paradis-Terrest.
Armathie.	Grèce.	Pathmos.
Arménie.	Idumée.	Perse.
Aser.	Issachar.	Philistins.
Asie.	Jéricho.	Ragès.
Asie-Mineure.	Jérusalem.	Rome.
Babylone.	Jourdain.	Ruben.
Benjamin.	Juda.	Saba.
Béthel.	Judée (*).	Samarie.
Bethléem.	Liban.	Sarepta.
Béthulie.	Macédoine.	Sidon.
Cana.	Madianites.	Siméon.
Chanaan (T. de)	Manassé.	Sinaï.
Dan.	Médie.	Sodome.
Dan (ville).	Méditerranée.	Suse.
Ecbatane.	Mer-Morte.	Syrie.
Emmaüs.	Mer-Rouge.	Tigre.
Ephraïm.	Mésopotamie.	Tyr.
Ethiopie.	Nazareth.	Ur.
Euphrate.	Nébo.	Zabulon.

(*) Elle comprenoit les deux tribus de Juda et de Benjamin.

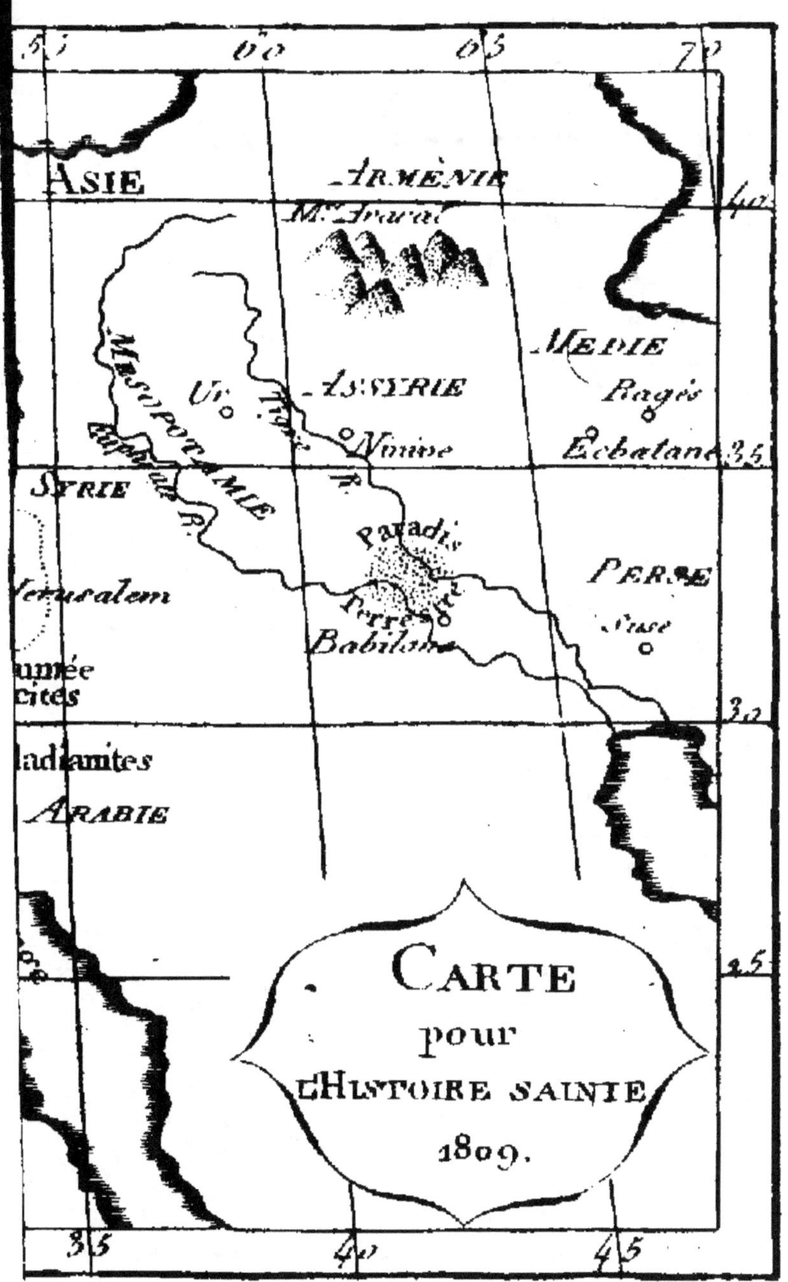

ASIE
ARMÉNIE
M.t Ararat
MÉDIE
Rages
Ecbatane
MÉSOPOTAMIE
Ur
Tigre R.
ASSYRIE
Ninive
Euphrate R.
SYRIE
Paradis
PERSE
Suse
Jérusalem
Terre S.te
Babilone
Idumée
cités
Idianites
ARABIE
CARTE
pour
L'HISTOIRE SAINTE
1809.

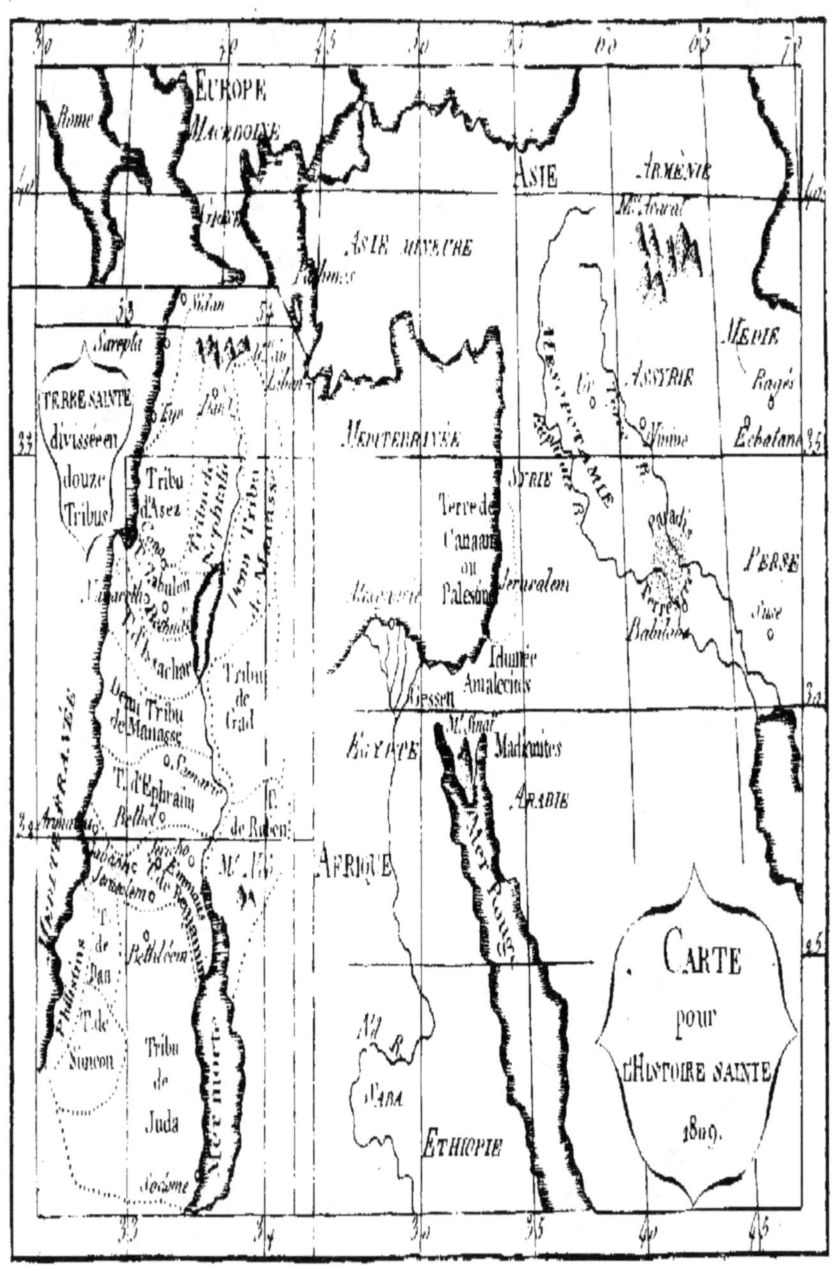

EUROPE
Rome
MACÉDOINE
Grèce
ASIE
ARMÉNIE
Mt Ararat
ASIE MINEURE
Athènes
MÉDIE
Ragès
ASSYRIE
Ecbatane
Sidon
Sarepta
MÉSOPOTAMIE
TERRE SAINTE
divisée en
douze
Tribus
Tyr
Liban
MÉDITERRANÉE
SYRIE
Ninive
PERSE
Suse
Tribu
d'Aser
Tribu de Nephtali
Terre de
Canaan
ou
Palestine
Jérusalem
paradis
Tribu
de Manassé
Nazareth
Zabulon
Issachar
Terre de
Babilone
Demi Tribu
de Manassé
Tribu
de
Gad
Idumée
Amalécites
Gessen
ÉGYPTE
Mt Sinaï
Madianites
Samarie
T. d'Ephraim
Bethel
T.
de Ruben
ARABIE
AFRIQUE
Arimathie
Mt des Oliviers
Jéricho
Mt Hor
Jérusalem
T.
de
Dan
Bethléem
Mer Rouge
CARTE
pour
T. de
Siméon
Tribu
de
Juda
Mer morte
Nil B.
NABA
L'HISTOIRE SAINTE
1809.
ÉTHIOPIE
Sodome

de nouveau, comme une égide sous laquelle chacun croyait trouver son salut ; une multitude de citoyens et de gardes nationaux offrirent leurs services (1). Tout annonçait le peuple le mieux disposé à seconder l'autorité.

Ce jour-là, il ne fut encore fait aucunes communications officielles au public.

Le lendemain 7, parurent deux proclamations du préfet et du maire. On y annonçait que Buonaparte débarqué avec 1000 hommes, sans vivres, sans munitions, sans argent, ne pouvait manquer d'être bientôt repoussé par les grandes forces qui de toutes parts allaient se réunir à Lyon, sous le commandement de MONSIEUR. On croyait encore à l'honneur de l'armée.

Une seconde proclamation que le maire fit le même jour, dut lui révéler les vrais sentimens de

www.ingramcontent.com/pod-product-compliance
Lightning Source LLC
LaVergne TN
LVHW021829170726
843503LV00003B/883